Ma fille,
tu peux y arriver

DAG HEWARD-MILLS

Parchment House

Sauf indication contraire, toutes les citations sont tirées de la version Louis Segond de la Bible (1910)

Copyright © 2010 Dag Heward-Mills

Titre original : *Daughter, You Can Make It*
Publié pour la première fois en 2006 en anglais par :
Parchment House.

Version française publié pour la première fois en 2010
12ième impression en 2018

Traduit par : Julie Chateauvert

ISBN : 978-9988-596-38-5

Pour en savoir plus sur Dag Heward-Mills :
Campagne Jésus qui guérit
Écrivez à : evangelist@daghewardmills.org
Site web : www.daghewardmills.org
Facebook : Dag Heward-Mills
Twitter : @EvangelistDag

Dédicace
À mon épouse *Adelaïde*, ma bien aimée, ma conseillère et partenaire dans le ministère. Merci de m'aimer tel que je suis. Merci pour le bon conseil. Tu as été présente dès le début et à travers les différentes étapes de nos vies. Merci d'être une femme spirituelle et pour ton esprit disposé à l'œuvre de Dieu. Merci de m'avoir suivi dans le ministère à plein temps et de m'avoir aidé à bâtir l'église.
Je t'aime toujours.

Tous droits de traduction, de reproduction et d'adaptation réservés pour tous pays. Toute exploitation ou reproduction même partielle de cet ouvrage est interdite sans l'autorisation écrite de l'auteur.

Table des matières

Préface i
1. Les femmes 1
2. Les filles 3
3. La couverture 7
4. Ma fille, c'est de ton honneur qu'il s'agit ! 9
5. Ma fille, c'est à ton tour 12
6. Les tentations des filles 14
7. Les péchés des filles 21
8. Ma fille, tu y es arrivée ! 27
9. Avec tout ce que tu possèdes, acquiers l'intelligence ... 36
10. D'où vient la frustration ? 38
11. Les sept entraves des femmes 40
12. Les clés des femmes 45
13. Ma fille, pendant que tu attends 49
14. Ma fille, prends l'onction 57
15. Ma fille, y a-t-il une malédiction quelque part ? 64
16. Pourquoi les femmes doivent être spirituelles 66
17. Comprendre la postérité de la femme 69
18. Comprendre la malédiction associée à la maternité 73
19. Surmonter la malédiction associée à la maternité 76
20. Comprendre la malédiction associée au mariage 78

21. Surmonter la malédiction associée au mariage 81
22. Ma fille, tu as des yeux délicats 85
23. Ma fille, Dieu te donnera un mari 88
24. Ma fille, Dieu te donnera un enfant 90
25. Ma fille, continue à servir le Seigneur 92
26. Ma fille, ne sois pas lasse d'accomplir ton devoir 96
27. Tout sur l'Abigaïlisme 100
28. Les six objectifs de l'Abigaïlisme 102
29. Étapes vers l'Abigaïlisme 107
30. Ma fille, tu peux être remplacée ! 114
31. Ma fille, obéiras-tu à ton mari ? 116
32. Ma fille, garde ta place 119
33. Fille de la destinée 124

Préface

J'ai le rare privilège que l'auteur de ce livre soit à la fois mon mari, mon pasteur, mon guide, mon conseiller, mon amoureux et mon ami. Il a certainement cru en la vocation ainsi qu'aux dons des femmes et la naissance de ce livre vient accentuer ce fait.

La Bible dit que tant que la terre subsistera, les semailles et la moisson, le froid et la chaleur, l'été et l'hiver, le jour et la nuit ne cesseront point. (Genèse 8:22). Il s'agit là effectivement d'une réflexion sur la vie des femmes abordée dans ce livre. Ce sont des femmes de tous les horizons dont les problèmes pourraient tout aussi bien être les nôtres.

Vient le moment où la femme se lève comme Débora pour prendre la tête, un rôle habituellement réservé aux hommes, afin d'envahir l'espace créé par l'histoire et les circonstances.

Vient le moment où la femme sort de l'obscurité comme Esther pour sauver une nation entière et une autre femme perd sa place parce qu'elle refuse de céder à son mari bien qu'il fut ivre.

Ce livre est plus qu'une simple narration de la vie des femmes de la Bible. Il contient également les réponses à toutes les questions, habituellement inexprimées, qui résonnent dans le cœur de plusieurs femmes d'aujourd'hui. À travers ces pages, nous apprenons à voir Dieu dans les soi-disant « drames » d'une femme, comme la maternité, désirer un mari ou un enfant, la rivalité entre sœurs par rapport à un homme, les problèmes gynécologiques et autres.

Le livre ne discute pas simplement des défis des femmes de la Bible, mais reflète notre propre vie en tant que femmes sur cette planète. Il ne nous abandonne pas là, il nous montre la solution de Dieu. Il nous démontre l'investissement illimité que Dieu a fait chez la femme : notre sensibilité à l'onction comme la femme atteinte d'une perte de sang, notre perception du futur donnée par Dieu, sans oublier notre rôle d'artisanes de la paix et d'intercesseurs comme dans le cas d'Abigaïl dans la Bible, nos tentations singulières, « le moyen de s'échapper » et beaucoup plus.

Par essence, peu importe le genre de femme que nous puissions être, peu importe les défis, les réussites ou les attributs que chacune d'entre nous possède, ce livre en est un à lire absolument parce qu'il traite virtuellement de toutes les questions, bonnes ou mauvaises. Je me considère moi-même bénie et privilégiée de vivre dans une période comme celle-ci et d'être celle qui écrit la préface d'un livre si enrichissant, exaltant pour l'âme, réconfortant et dirigé par Dieu. Et qui sait, mes filles, si ce n'est pas pour un temps comme celui-ci que nous sommes parvenues à la royauté ...!!! (Esther 4:14).

Merci l'Évêque de nous écrire, filles du roi. En fait, vous êtes entièrement en accord avec le psalmiste du psaume 45:13-15 : « toute resplendissante est la fille du roi ; elle porte un vêtement tissu d'or. Elle sera présentée au roi (Le Très Haut) vêtue de ses habits brodés, et suivie des jeunes filles, ses compagnes, qui sont amenées auprès de toi » (Jéhovah) ! J'ai confiance que c'est exactement ce que fera ce livre.

Mme Adelaïde Heward-Mills

Chapitre 1

Les femmes

J'ai écrit ce livre pour les femmes. C'est un message pour les femmes de partout. Les femmes ont été créées différemment des hommes et je crois qu'elles méritent un message spécial.

Jésus faisait référence aux dames de deux façons différentes. Il les appelle soit des femmes, soit des filles.

Il y a une différence entre une fille et une femme. Si j'étais une dame, je préférerais que Jésus m'appelle « fille ». Je pense qu'une fille est généralement plus réceptive, plus ouverte et plus humble. Par nature, une femme adulte n'est pas aussi facilement influençable qu'une fille.

L'amertume de la vie

Beaucoup de femmes sont aigries par les expériences de leur vie. Elles sont dures, rancunières et impitoyables. Les expériences douloureuses de la vie ont emporté la beauté de la foi et de la confiance. « Ne fais jamais confiance à un homme », disent-elles. Elles se disent à elles-mêmes : « Ne fais jamais confiance à une autre femme. » J'ai remarqué que plusieurs femmes vivent dans la solitude. Elles sont solitaires et n'ont presque pas d'amis.

Remarque comment Jésus s'est adressé à la femme de Samarie. Il essayait d'amener cette femme à croire ce qu'il disait.

> ... **FEMME, CROIS-MOI, l'heure vient où ce ne sera ni sur cette montagne ni à Jérusalem que vous adorerez le Père.**
>
> **Jean 4:21**

Vois comment Jésus s'adressa à la femme prise en flagrant délit d'adultère. Il s'agissait d'une femme qui avait presque perdu la vie aux mains d'hommes impitoyables. Il voulait qu'elle croie de nouveau en l'amour.

> ... **FEMME, OÙ SONT CEUX QUI T'ACCUSAIENT ? Personne ne t'a-t-il condamnée ? Elle répondit : Non, Seigneur. Et Jésus lui dit : Je ne te condamne pas non plus : va et ne pèche plus.**
>
> **Jean 8:10-11**

Remarque également comment Jésus s'adressa à cette femme qui souffrait d'une scoliose depuis dix-huit ans. Cette femme avait beaucoup souffert. Elle souffrait depuis longtemps d'amertume et de douleurs. Elle avait besoin d'un miracle. Remarque comment Jésus s'est adressé à elle à l'église :

> ... **FEMME, TU ES DÉLIVRÉE de ton infirmité. Et il lui imposa les mains. À l'instant, elle se redressa, et glorifia Dieu.**
>
> **Luc 13:12-13**

Chapitre 2

Les filles

Naturellement parlant, les filles ne sont remplies ni d'amertume ni de rancune. Une fille se caractérise par une certaine douceur et une certaine innocence. Pardessus-tout, une fille a une confiance et une assurance particulière à l'égard de son père. Malheureusement, la foi, l'espérance et l'amour des filles s'estompent à mesure qu'elles deviennent des adultes.

Jésus a appelé certaines femmes des filles. Je crois que c'était en raison de la foi qu'elles avaient en lui. Il a remarqué l'amour pur qu'elles avaient pour lui.

Examinons ce groupe de femmes en faveur desquelles Jésus exerça le ministère. Ici, nous remarquons qu'il s'adresse à elles de façon différente.

Dans le cadre d'un des plus grands miracles que Jésus opéra, la guérison de la femme atteinte d'une perte de sang, nous voyons Jésus appeler cette dernière « ma fille » ! Cette femme avait pu accéder à l'onction alors que d'autres autour ne pouvaient rien sentir.

... et elle sentit dans son corps qu'elle était guérie de son mal ...

Marc 5:29

Mais Jésus répondit : QUELQU'UN M'A TOUCHÉ, car j'ai connu qu'une force était sortie de moi.

Luc 8:46

J'aimerais que tu remarques quelque chose au sujet de cette fille. Tout d'abord, elle avait beaucoup confiance en l'aptitude de Jésus. Malgré sa maladie et sa faiblesse, elle se fraya un chemin dans la foule jusqu'à ce qu'elle puisse toucher le bord du vêtement de Jésus.

Il aura fallu une grande foi à cette femme pour se frayer un passage parmi dans la foule grouillante. C'est précisément ce qui faisait d'elle une fille formidable : la foi et la confiance. Ses douze années d'expériences amères avec différentes personnes n'avaient pas réussi à éteindre la foi de son cœur.

Les femmes méfiantes

Il est parfois difficile pour une femme dont le passé est rempli d'expériences immorales avec différents hommes de faire confiance à un homme. Elle a peu confiance en son père, en son pasteur et en n'importe quel homme de Dieu. Elle ne peut tout simplement pas croire que la bonté et la pureté existent. Parfois, le simple fait de grandir dans une culture de suspicion et de commérages fait en sorte que les semences de la méfiance sont plantées à jamais. De telles femmes ont tendance à être continuellement méfiantes, incrédules, sceptiques et suspicieuses. En général, une femme qui est incapable de faire confiance est incapable d'aimer. Elle est remplie de crainte. L'amour parfait bannit la crainte. La Bible dit que l'amour ...

... croit tout ...

1 Corinthiens 13:7

Les filles reçoivent l'onction de leur père

L'autre fait remarquable à propos de cette fille (la femme atteinte d'une perte de sang) est qu'elle reçut l'onction de Jésus. C'est le seul récit dans la Bible où il est indiqué que l'onction passa d'une personne à une autre, et que ce transfert fut ressenti par les deux parties. Jésus sentit l'onction le quitter et la fille sentit l'onction entrer dans son corps.

Vois-tu, ce sont les enfants qui reçoivent les cadeaux les plus précieux de leurs parents. Ce sont les enfants et non les égaux ni les collègues qui reçoivent un héritage de leur père.

Il y a un moment dans la vie d'une femme où elle a tendance à contester l'autorité d'un homme. Je ne blâme pas les femmes parce que beaucoup d'hommes sont irresponsables et indignes de confiance.

Cependant, lutter contre les hommes et faire campagne contre leur autorité peut facilement te tenir à l'écart de l'onction. Tu auras perpétuellement une attitude de résistance envers le don de Dieu. Vois-tu, beaucoup des canaux utilisés par Dieu sont des hommes.

Lorsque tu reçois quelqu'un comme un père, tu t'ouvres à recevoir de lui le don ultime. C'est peut-être la raison pour laquelle Jésus l'appela « ma fille ».

… MA FILLE, TA FOI T'A SAUVÉE ; va en paix, et sois guérie de ton mal.

Marc 5:34

Une fille l'est pour toujours

À une autre occasion, alors que Jésus se dirigeait vers la croix, une foule importante le suivit. Dans cette foule se trouvaient des femmes qui étaient mécontentes de l'injustice dont il était victime. Elles le soutinrent ouvertement et reconnurent publiquement qu'il était des leurs.

Au moment où tous les hommes et les apôtres abandonnèrent le Seigneur, les femmes tinrent bon. Jésus se tourna vers elles et prononça des paroles prophétique qui venaient de son cœur. Il n'appela pas ces dames qui lui offrirent leur soutien femmes, mais filles.

… FILLES DE JÉRUSALEM, ne pleurez pas sur moi ; mais pleurez sur vous et sur vos enfants.

Luc 23:28

Choisis d'être une femme que Jésus considérerait comme une fille ; une personne ouverte à l'onction ! Une personne qui soutient l'homme de Dieu ! Une personne qui est prête à s'identifier ouvertement et passionnément à la vision !

Chapitre 3

La couverture

Les femmes ont besoin d'une couverture

Les femmes ont besoin d'une couverture pour leur vie. Cette couverture leur sert de bouclier. Malheureusement, beaucoup de femmes ne sont pas conscientes de cette réalité. Elles se considèrent comme les égales des hommes et pensent être aussi bonnes que n'importe qui d'autre.

Toute femme qui prie ou qui prophétise, la tête non voilée, déshonore son chef ...
1 Corinthiens 11:5

C'est uniquement avec un esprit d'humilité que tu peux accepter ces réalités. La meilleure manière de chercher le Royaume de Dieu est d'avoir l'attitude d'un petit enfant.

... si vous ne vous convertissez et si vous ne DEVENEZ COMME LES PETITS ENFANTS, vous n'entrerez pas dans le royaume des cieux ...
Matthieu 18:3

Il est important que la femme soit couverte spirituellement, et cette couverture provient d'un chef. Qu'une femme soit ou non mariée, elle peut avoir la couverture dont elle a besoin.

… l'homme est le chef de la femme …
1 Corinthiens 11:3

Cette couverture est parfois fournie par un mari, un pasteur ou un père spirituel. Une femme qui exerce le ministère sans cette protection spirituelle n'est pas à sa place. Évidemment, si vous êtes mariée à un incroyant, il ne peut pas être votre couverture spirituelle.

Si ton mari est spirituellement endormi, il n'est pas ta couverture. Cette couverture doit t'être fournie par quelqu'un qui vous est spirituellement supérieur. C'est pourquoi cela s'appelle une couverture.

Chère sœur, as-tu une couverture spirituelle ? Es-tu ouverte aux conseils des hommes que Dieu t'a donnés pour te couvrir ? Qui est ta couverture spirituelle ? Es-tu une rebelle ? N'oublie pas que personne n'est au-dessus de la Parole de Dieu.

Chapitre 4

Ma fille, c'est de ton honneur qu'il s'agit !

Et Barak lui dit : Si tu viens avec moi, j'irai ; mais si tu ne viens pas avec moi, je n'irai pas. Et elle répondit : J'irai bien avec toi ; mais tu N'AURAS POINT DE GLOIRE SUR LA VOIE OÙ TU MARCHES, CAR L'ÉTERNEL LIVRERA SISERA ENTRE LES MAINS D'UNE FEMME. Et Débora se leva, et elle se rendit avec Barak à Kédesch.

Juges 4:8-9

Dans cette histoire, une femme eut l'occasion d'être honorée à la place d'un homme. Le travail d'un homme fut confié à une femme ! Au lieu qu'un homme assume le rôle de chef que lui avait donné Dieu, une femme dut accepter le défi et faire son travail. C'est ce qui se passe dans l'église aujourd'hui. Beaucoup d'hommes ont fui leurs responsabilités de leaders et de chefs spirituels.

Les femmes exécutent les tâches que les hommes sont censés faire. Et je suis heureux de dire qu'elles effectuent très bien ces tâches. Il y a des Débora qui sont prêtes à recevoir les honneurs et à gagner des batailles pour le Seigneur.

Je suggère à chaque pasteur de laisser partir les Débora dans les champs de récolte. Ce que les Barak ne peuvent faire, Dieu a élevé des Débora pour le faire. Selon ma propre expérience, j'ai découvert que les femmes sont de très bons pasteurs et bergères. Lorsqu'elles mettent la main à la pâte, les choses bougent.

Je trouve les femmes plus réceptives à l'onction et plus ouvertes au leadership spirituel. Peut-être que dans le plan initial, les hommes devaient occuper ces positions de leadership importantes. Peut-être que dans le plan initial, les hommes devaient porter tous les fruits. Malheureusement, il y a toujours des hommes comme Barak qui, pour diverses raisons, ne font pas ce qu'ils ont été appelés à faire. C'est pourquoi Dieu doit recourir à des personnes comme Débora pour accomplir sa volonté.

Chère amie, la volonté de Dieu est fixée, établie et immuable. Dieu a décidé de sauver ce monde. Jésus a formé douze disciples (des hommes). Je crois que le plan divin est que des hommes soient utilisés pour conduire l'église à la victoire. Cependant, la réalité est qu'il y a des hommes comme Barak parmi nous. Il doit y avoir des Débora qui combleront le vide laissé par des hommes infructueux, craintifs et indécis.

Les Saintes Écritures nous disent qu'une fois que le plan de Dieu est établi, il ne revient pas en arrière. Une fois que Dieu a décidé de construire son église, il fera tout ce qu'il faut pour cela. Il est déjà arrivé que Dieu menace d'utiliser des pierres. Si des pierres peuvent être utilisées, à plus forte raison des êtres humains. C'est pourquoi je crois que les femmes peuvent aussi être utilisées ! Une fois, un âne fut utilisé pour envoyer un message important à un pasteur entêté. Cher ami, si des ânes peuvent être utilisés pour prêcher, alors n'importe qui peut l'être, y compris des femmes.

Ma fille, c'est ton honneur !

Si tu étais sur le point de te noyer et que quelqu'un te lançait une corde, tu ne poserais pas la question de savoir si c'est un homme ou une femme qui t'a lancé la corde. Bien sûr, si un homme te lance une corde, il a plus de chance d'avoir la force de te tirer. Mais si l'homme ne te lance pas la corde, tu serais reconnaissant que même un enfant te lance une corde.

Cela explique peut-être pourquoi il y a tant de femmes dans le ministère. Il ne sert à rien de combattre ce qui se passe déjà. Il vaut mieux accepter la réalité que de s'enfouir le visage dans le sable et la nier.

Ma fille, c'est de ton honneur qu'il s'agit !

Chapitre 5

Ma fille, c'est à ton tour

Je crois que c'est au tour de la femme de s'élever. C'est au tour de la femme de prendre place sur le front de la bataille. Femme, c'est à ton tour d'être une leader !

Les hommes ont dominé le domaine du ministère pendant de nombreuses années. Trop souvent, les femmes ont été considérées comme des personnes qui entraînent la chute des serviteurs du Seigneur. Mais la femme est beaucoup plus qu'un corps physique. C'est au tour des femmes d'influencer la race humaine avec leur spiritualité et leur onction. Femme, c'est à ton tour d'être spirituelle !

Après avoir passé des siècles à recevoir, le temps est venu pour les femmes de donner. Kathryn Khulman a introduit le monde à l'Esprit Saint d'une façon spéciale. Je ne connais personne qui ait pratiqué l'onction de guérison comme l'a fait Kathryn Khulman ! C'est un signal pour toutes les femmes que c'est à leur tour d'être ointes. Tout comme la femme atteinte d'une perte de sang qui a reçu l'onction de guérison, plusieurs femmes vont recevoir l'onction pour exercer en puissance. Femme, c'est à ton tour de recevoir l'onction !

J'ai lu une prophétie qui proclamait que cette ère est celle de la lionne. Dieu va utiliser la femme pour meurtrir la tête du serpent (Satan) dans la dernière bataille.

Lorsque nous arriverons au paradis, il n'y aura pas de mariage. Il n'y aura pas de maris, d'épouses ou d'enfants. Toutes ces choses n'auront dorénavant plus aucune d'importance. Ce qui comptera, c'est si tu as rempli ou non ton ministère ! Tu as peut-être été considérée comme un objet de plaisir pour l'homme. Aujourd'hui, c'est à ton tour de faire quelque chose pour Dieu dans le ministère. Ma fille, il est temps de t'élever dans le ministère.

Tu as peut-être été assujettie par les problèmes qui surgissent du mariage et de la maternité. Mais ton heure est venue d'émerger dans toute ta gloire. Lorsqu'une femme prend la tête et marche dans la sagesse de Dieu, elle est indestructible ! Ma fille, c'est ton tour.

Ma fille, c'est ton honneur ! Cela veut dire que c'est une opportunité pour toi de porter les fruits pour Dieu. C'est une opportunité pour toi de faire de grandes choses. Tu peux te tenir côte à côte avec chaque homme, prier la grâce de Dieu et tu feras tout aussi bien.

Cela ne veut pas dire que tu es « aussi bonne que » au sens fier du mot. Tout ce que cela signifie c'est que tu es une autre Débora que Dieu a élevée parce que les Barak sont trop effrayés, incertains, indifférents, indécis, réticents et cyniques. « Être cynique » signifie « être réticent à reconnaître ou à croire à la bonté ou à l'altruisme. »

Ma fille, c'est ton honneur ! Ma fille, c'est ton tour ! C'est un message prophétique pour toutes les femmes. La saison est venue pour les femmes d'être fructueuses dans le ministère. Sois humble, sois une fille ! L'onction descendra sur ta vie.

Chapitre 6

Les tentations des filles

Il existe plusieurs types de femmes dans le monde. Certaines d'entre elles ont fait de grandes choses pour Dieu et d'autres ont entraîné plusieurs problèmes dans ce monde. Une « ***femme de direction*** » est une femme qui a découvert sa véritable raison d'être dans ce monde. La véritable raison d'être pour chaque femme dans ce monde n'est pas de trouver un mari. Ce n'est pas non plus d'enfanter, en soi. Ton but dans ce monde est de servir le Seigneur et d'accomplir sa volonté. Je te vois être une femme de direction !

Une femme de direction apprend du passé.nLa Bible nous enseigne qu'il n'y a rien de nouveau sous le soleil. Tout ce qui fait partie du passé fera également partie du futur. Aucune personne lisant ce livre ne devrait se considérer au-dessus des erreurs du passé. Ta vie n'est qu'une répétition de la vie de quelqu'un t'ayant précédé.

> Ce qui a été, c'est ce qui sera, et ce qui s'est fait, c'est ce qui se fera, il n'y a rien de nouveau sous le soleil. S'il est une chose dont on dise : Vois ceci, c'est nouveau ! cette chose existait déjà dans les siècles qui nous ont précédés.
>
> **Ecclésiastes 1:9,10**

La première femme fut tentée

La femme vit que l'arbre était bon à manger et agréable à la vue, et qu'il était précieux pour ouvrir l'intelligence ; elle prit de son fruit, et en mangea ; elle en donna aussi à son mari, qui était auprès d'elle, et il en mangea.

Genèse 3:6

Il y a plusieurs choses à dire au sujet d'Ève. Elle est celle qui fut tentée. Aujourd'hui, plusieurs femmes sont tentées. Ève fut tentée et toi aussi tu seras tentée. Une femme de direction est quelqu'un qui surmonte les tentations. Savais-tu qu'il existe un groupe de tentations distinctes pour les femmes ? Chaque femme doit savoir qu'il existe des tentations qui sont particulières aux femmes. Vois-tu, les tentations des hommes sont différentes de celles des femmes.

Lorsque je suis devenu un ministre, on m'a dit que les ministres sont tentés par trois domaines principaux : l'argent, le sexe et la notoriété. Quelqu'un a dit : « l'or, les filles et la gloire. »

Les tailleurs sont souvent tentés par l'esprit du mensonge. Les médecins sont souvent tentés d'avoir une aventure avec les infirmières. Les avocats sont souvent tentés d'être immoraux.

Ma fille, tu dois comprendre qu'il y a des tentations qui te sont particulières parce que tu es une femme. Une femme de direction est quelqu'un qui connaît les tentations. Tu dois être déterminée à les surmonter.

Les tentations des filles

1. **La tentation de marier un infidèle**

Ne vous mettez pas avec les infidèles sous un joug étranger. Car quel rapport y a-t-il entre la justice et l'iniquité ? ou qu'y a-t-il de commun entre la lumière et les ténèbres ?

2 Corinthiens 6:14

Plusieurs femmes sont tentées de marier un infidèle. Plusieurs hommes non-chrétiens sont allés frapper à la porte de jeunes femmes. Lorsqu'aucun frère chrétien n'est en vue, vous êtes tentée de marier un infidèle. Cela est très fréquent. Une femme de direction est capable de résister à cette tentation et de rester pure.

Plusieurs femmes sont tentées de coucher avec des hommes. Certaines femmes couchent souvent avec une demi-douzaine d'hommes différents ou plus avant de finir par se caser. Femme, tu seras tentée d'agir de la sorte afin d'assurer l'amour d'un homme. Lorsque tu pars à la recherche de tendresse et d'amour, tu risques de les recevoir, mais à un prix. Es-tu une femme de direction ? Alors reste pure. Sois une femme qui surmonte ses tentations.

2. La tentation de se fier à sa beauté

Ma fille, ne sois pas attirée par les mensonges du diable. Pensais-tu que le diable avait cessé de murmurer des mensonges aux femmes ? Certainement pas ! Les démons murmurent constamment des mensonges et des tromperies aux femmes. Plusieurs femmes croient que leur beauté durera éternellement. C'est pourquoi elles disent « non » aux jeunes hommes potentiels lorsqu'ils les demandent en mariage.

La grâce est trompeuse, et la beauté est vaine ; La femme qui craint l'ÉTERNEL est celle qui sera louée.
Proverbes 31:30

Plusieurs femmes se font des illusions à savoir que leur beauté charmera un homme à jamais. Une femme de direction sait que la beauté est vaine. Elle est peut-être belle, mais elle est également spirituelle.

J'ai vu une belle jeune fille emménager pour remplacer la femme d'une personne plus âgée. Si tu a vu cela se produire auparavant, tu sais comment cela se termine habituellement. La remplaçante plus jeune et plus belle est également expulsée après un certain temps.

Une dame m'a dit qu'elle allait s'approprier du mari de quelqu'un d'autre. Je lui ai dit : « L'homme est déjà marié. » Elle a souri puis m'a dit : « Je suis plus belle que sa femme. »

Femme, tes charmes et ta beauté ont une échéance. Elles ne dureront pas éternellement. Recherche des choses spirituelles. C'est l'engagement spirituel intérieur de l'homme qui le rend fidèle et non pas ta beauté. Ne crois pas que la beauté est tout ce qui importe.

3. La tentation de coucher avec plusieurs personnes avant le mariage

Certaines femmes se font des illusions à savoir que si elles couchent avec un homme, il les mariera. Femme, ne sois pas dupe ! Femme, l'homme avec qui tu couches actuellement a couché avec des douzaines d'autres femmes qu'il n'a pas mariées !

J'ai une fois lu un rapport scientifique intéressant au sujet du SIDA en Afrique. Certaines personnes se demandent pourquoi le SIDA se propage si rapidement en Afrique. Alors que le SIDA est essentiellement transmis par le biais d'activités homosexuelles et bisexuelles en Amérique du Nord et en Europe, en Afrique, en Asie et en Amérique du Sud, il se transmet essentiellement par des activités hétérosexuelles (relations normales entre un homme et une femme).

Les médecins des pays du tiers monde confirment que l'adulte moyen actif sexuellement dans ces pays aura entre vingt-cinq et cent partenaires sexuels différents chaque année. Ce niveau de promiscuité a produit une épidémie tragique et généralisée du SIDA. Réfléchis à cela ! Vingt-cinq à cent différents partenaires en une année !

Femme, ne te trompe pas ! Lorsqu'un homme couche avec toi, ça ne veut presque rien dire. S'il peut coucher avec vingt-cinq à cent personnes dans une année, tu n'es alors qu'un ajout insignifiant à sa liste. Femme de direction, ne crois pas à ces mensonges. Ne crois pas que le sexe puisse faire en sorte qu'un homme s'attache à toi.

4. **La tentation de suivre les biens matériels**

Certaines femmes font confiance aux biens matériels. C'est également une tromperie. Elles croient que leur bonheur repose sur le fait d'avoir de belles moquettes, de belles chaises, de beaux meubles, de belles voitures, de beaux vêtements, etc. Rappelle-toi de la parole de Dieu ! Le bonheur d'une femme ne vient pas des biens qu'elle possède.

Puis il leur dit : Gardez-vous avec soin de toute avarice ; car la vie d'un homme ne dépend pas de ses biens, fût-il dans l'abondance.

Luc 12:13

5. **La tentation d'être craintive**

... C'est d'elle que vous êtes devenues les filles, en faisant ce qui est bien, sans vous laisser troubler par aucune crainte.

1 Pierre 3:6

Sans doute que la tentation la plus fréquente des femmes est la tentation d'être craintive. L'Écriture ci-dessus enseigne que les filles iront loin si elles n'ont pas peur.

- Les craintes fréquentes des femmes
- La crainte de ne pas se marier
- La crainte de ne pas avoir d'enfant
- La crainte de marier la mauvaise personne
- La crainte de la pauvreté et des difficultés financières
- La crainte que ton mari s'intéresse à quelqu'un d'autre
- La crainte que tes enfants ne s'en sortent pas bien
- La crainte que ton mari ne t'aime plus
- La crainte de devenir veuve
- La crainte des beaux-parents

- La crainte de ne pas être aimée par les autres
- La crainte d'être maltraitée dans le futur
- La crainte de tout donner et de tout perdre
- La crainte de subir ce que tu as vu d'autres personnes subir
- La crainte de tout investir dans ton mariage et puis de tout perdre

La crainte est l'opposée de la foi. La crainte influence plusieurs femmes à agir comme elles le font. Analysez humblement vos pensées. Vois si tu fais ce que tu fais en raison de la crainte. Rappelle-toi que la crainte est un démon.

Car ce n'est pas un esprit de timidité que Dieu nous a donné, mais un esprit de force, d'amour et de sagesse.
2 Timothée 1:7

La crainte n'est pas une bonne raison de se marier. La crainte est un démon. Un démon ne devrait jamais t'obliger à faire quoi que ce soit. La crainte ne devrait jamais te faire critiquer et accuser ton mari. Fais les choses pour les bonnes raisons et Dieu te bénira.

6. La tentation d'être émotive

… C'est d'elle que vous êtes devenues les filles, en faisant ce qui est bien, sans vous laisser troubler par aucune crainte.
1 Pierre 3:6

« Effrayer » fait référence à la nature émotive des femmes. L'Écriture enseigne que les femmes iront loin si elles ne sont pas effrayées (émotives). Lorsque les émotions d'une femme la dominent, elle perd sa concentration. Les émotions peuvent faire oublier à la femme toutes les Écritures et les principes qu'elle connaît.

Ne permets pas à tes émotions de chagrin, de crainte, de jalousie, de haine et d'insécurité de t'accabler. Rappelle-toi que tu réussiras bien lorsque tu ne te laisseras pas dominer par tes émotions.

7. La tentation d'être fière

Parce que les femmes ont grandement souffertes de la discrimination, elles ont tendance à être réactionnaires. Plusieurs femmes affichent la fierté d'une personne « pratique ». « Je n'accepterai pas ça d'un homme » disent-elles.

« Je ne permettrai pas à un homme de perturber ma vie. Tu ne peux pas me garder dans une cage ! Pourquoi dois-je faire ce que tu dis ? Je suis aussi bonne que n'importe quel homme, je peux faire le même travail qu'un homme. »

Une femme a dit à plusieurs reprises à son mari : « Je suis plus intelligente que tu ne l'es. »

Il n'est pas nécessaire d'être fière, il n'est pas nécessaire d'être réactionnaire. Humilie-toi devant le Seigneur et Il t'élèvera. Dieu peut mieux t'élever que tu ne le peux avec tes propres paroles.

8. La tentation d'être impitoyable

Je dis souvent que les femmes ont un cœur avec un hameçon Il s'agit d'un cœur étroit et dont la mémoire fidèle accumule toutes les blessures et les expériences de cette vie. Mêmes les non-chrétiens chantent des chansons qui disent « pardonne et oublie. »

Dieu n'entendra pas tes prières lorsque tu ne pardonnes pas aux autres. Ta vie changera dramatiquement lorsque tu apprendras à pardonner.

Femme, souviens-toi que tes péchés sont nombreux. Il est dans ton intérêt de marcher dans l'amour et de pardonner à ceux qui t'ont blessée. Cela fera de toi une fille qui fait plaisir au Seigneur.

Ma fille, tu peux y arriver ! Malgré toutes ces tentations, je te vois réussir ! Sa grâce te suffira.

Chapitre 7

Les péchés des filles

La femme vit que l'arbre était bon à manger et agréable à la vue, et qu'il était précieux pour ouvrir l'intelligence ; elle prit de son fruit, et en mangea ; elle en donna aussi à son mari, qui était auprès d'elle, et il en mangea.

Genèse 3:6

1. Le péché de la désobéissance

Plusieurs femmes commettent de vilains péchés. Il est souvent difficile d'en parler ou d'en faire mention. Femme, tu es libre de l'effet de tes erreurs du passé ! Lorsque tu regardes autour de toi, tu penses peut-être que tu es la seule. Le plan du diable est de t'isoler et de te déprimer.

2. Le péché de la convoitise

Plusieurs femmes sont sensibles aux péchés de la jalousie et de la convoitise. Femme, accepte les bienfaits que Dieu a donnés à ton voisin. Ne combats pas car tu ne peux pas gagner ! Assiste avec plaisir au mariage de ton amie. Alors que tu te réjouis avec elle aujourd'hui, les gens se réjouiront avec toi un jour.

Ne convoite pas ou ne pense pas que tu dois avoir tout ce que tous les autres possèdent. Les femmes comparent communément les styles de vie et les vêtements. Elles veulent que leurs enfants fréquentent certaines écoles parce que l'enfant de leur voisin la fréquente. Femme, sois satisfaite de ta position ! Lorsque tu t'obliges à posséder des choses qui ne sont pas tiennes, tu deviendras une « Jézabel ».

3. Le péché de s'unir avec des incroyants

Ne vous mettez pas avec les infidèles sous un joug étranger. Car quel rapport y a-t-il entre la justice et l'iniquité ? ou qu'y a-t-il de commun entre la lumière et les ténèbres ?

2 Corinthiens 6:14

Certaines femmes désobéissent à Dieu et épousent des incroyants. Mais épouser un incroyant n'est pas le péché impardonnable. L'Église ne doit pas chasser les gens qui sont mariés à des incroyants. Ça ne veut pas dire que tu ne dois dorénavant plus aller à l'église. Le fait que tu sois mariée avec un incroyant ne signifie pas que tu n'es pas une chrétienne. Tu es la bienvenue à l'église !

Le pasteur n'est pas celui qui est marié avec l'incroyant tu l'es ! Ne t'inquiète donc pas. Si tu as des problèmes, vois ton pasteur et il te conseillera et priera avec toi. Femme, le fait que tu aies commis une erreur ne veut pas dire que tu dois rester à l'écart !

4. Le péché d'influencer les autres à faire le mal

Femme, tu ne dois pas faire pécher ton mari. Certaines femmes empêchent leur mari d'aller à l'église. L'homme est le chef, mais la femme est très certainement tout près. Femme, tu as beaucoup d'influence. Utilise-la judicieusement ! N'utilise pas ton influence pour garder ton mari à l'écart de Dieu.

La femme qui a fait pécher son mari

Je me souviens d'une femme dont le mari était disposé à donner de l'argent à l'église pour acheter certains instruments. Lorsque l'homme a levé la main, la femme l'a abaissée. Elle l'a empêché de donner au Seigneur. Elle est venue plus tard mentir aux pasteurs en disant que le mari était radin. Femme, ne fais pas pécher ton mari.

Ève est une femme qui a fait pécher son mari.

… elle en donna aussi à son mari, qui était auprès d'elle, et il en mangea.

Genèse 3:6

Abraham savait à quel point il était important que son fils ait la femme qu'il lui fallait. Il savait qu'elle l'influencerait chaque jour de sa vie. Il était très spécifique au sujet de la personne qu'Isaac pourrait épouser.

Et Abraham était vieux, avancé en âge ; et l'Éternel avait béni Abraham en toute chose. Et Abraham dit à son serviteur, le plus ancien de sa maison, qui avait le gouvernement de tout ce qui était à lui : Mets, je te pris, ta main sous ma cuisse, et je te ferai jurer par

l'Éternel, le Dieu des cieux et le Dieu de la terre, que tu ne prendras pas de femme pour mon fils d'entre les filles des Cananéens, parmi lesquels j'habite ;

Mais tu iras dans mon pays et vers ma parenté, et tu prendras une femme pour mon fils, Isaac.

Genèse 24:1-4

Abraham envoya son serviteur Éliézer pour trouver une femme pour son fils Isaac. Il savait l'importance de trouver exactement le type de femme qu'il fallait. Il a donc fait un effort supplémentaire pour trouver une bonne épouse pour son fils. Le rôle que tu joues dans la vie de ton mari est crucial à l'épanouissement de son ministère. Tu es un élément très important de sa vie. Même si ton mari n'est pas sauvé, tu l'influences spirituellement. Tu es peut-être mariée avec un incroyant, rappelle-toi ce que dit l'Écriture dans 1 Corinthiens 7:14.

Car le mari infidèle est sanctifié par la femme fidèle ; et la femme infidèle est sanctifiée par le mari fidèle : autrement, vos enfants seraient impurs, au lieu qu'ils soient saints.

1 Corinthiens 7:14

La Bible nous enseigne que le fidèle sanctifie l'infidèle. Peu importe ce que cela signifie, nous savons que le fidèle a une influence sur l'infidèle. C'est la raison pour laquelle Abraham se rendit si loin pour trouver une femme pour son fils.

5. **Le péché de détruire la création de Dieu**

Et l'Éternel Dieu dit à la femme : Pourquoi as-tu fait cela ?

Genèse 3:13

La création de Dieu a été détruite à cause d'une femme. La magnifique création de Dieu a été grandement déformée et détruite à cause de la pression créée par une femme. À la fin, à la fois elle et son mari sont demeurés dans le monde qu'elle avait détruit. C'est pourquoi Dieu lui a demandé : « Pourquoi as-tu fait cela ? »

Femme, n'entraîne pas la malédiction sur toi-même et sur les êtres qui te sont chers. S'il te plaît, ne le fais pas ! Si tu recherches le mari de quelqu'un d'autre, sa femme et ses enfants peuvent te maudire. Si tu as un enfant avec le mari de quelqu'un d'autre, tu peux bouleverser une famille et même la séparer. Femme, n'entraîne pas de malédiction dans ta vie.

6. Le péché de l'oisiveté

Femme, ne fais pas de commérages et ne fais pas circuler de mauvaises histoires aux sujets des serviteurs de Dieu. Ne laisse pas tes commérages et ton oisiveté détruire la foi qu'ont les gens pour les serviteurs de Dieu. Plusieurs femmes disent des choses qu'elles ne devraient pas dire.

... étant oisives, elles apprennent à aller de maison en maison ; et non seulement elles sont oisives, mais encore causeuses et intrigantes, disant ce qu'il ne faut pas dire.
1 Timothée 5:13

7. Le péché de la femme étrange

Femme, fais tout ce que tu peux pour t'éviter de devenir une malédiction. Ne deviens pas une femme étrange. Une femme étrange est quelqu'un qui poursuit délibérément les hommes. Elle leur fait mal et a des aventures sexuelles avec eux. Elle est une destructrice d'églises. Elle a un programme et elle emporte avec elle une malédiction ! Es-tu une harceleuse ? Es-tu une prédatrice de vies précieuses ?

Une femme étrange fait tomber plusieurs serviteurs puissants du Seigneur. La spécialité de plusieurs femmes est de coucher avec des pasteurs.

Car elle a fait tomber beaucoup de victimes, Et ils sont nombreux, tous ceux qu'elle a tués.
Proverbes 7:26

Un de mes pasteurs parlait avec crainte d'une femme qui avait couché avec tous les pasteurs de sa ville. Femme, veille à ne pas être une femme étrange. Permets à Dieu de t'utiliser pour le bien et non pas pour le mal. Résous-toi à ne jamais être une Dalila pour quiconque ! Femme, veille à ne pas apporter avec toi une malédiction à la maison.

Ma fille, tu peux y arriver ! En dépit de tous ces péchés, je vois que tu peux y arriver ! Sa grâce te suffira.

Chapitre 8

Ma fille, tu y es arrivée !

Ma fille, sois belle

C'était une jeune fille très belle de figure ; elle était vierge, et aucun homme ne l'avait connue. Elle descendit à la source, remplit sa cruche, et remonta.
Genèse 24:16

Rébecca était une belle femme. Aucune femme sur cette Terre n'a été créée sans beauté et sans gloire. « La beauté est dans les yeux de celui qui regarde » disent-ils. Alors que tu lis ce livre, je désire t'informer que tu es belle ! Si tu crois cela, je pourrai ensuite t'aider à comprendre à quel point tu es puissante.

Mais Rébecca n'a pas permis à sa beauté de la mener au péché. Une femme vertueuse peut être belle mais ne cédera pas aux nombreuses propositions faites par les hommes.

La femme vertueuse est une belle vierge. Elle est une beauté et en même temps une sainte. Peux-tu être belle et attendre ton mariage ? Remarque ce que la Bible dit dans Genèse 24:16. Elle était très belle de figure, et aucun autre ne l'avait connue.

Ma fille, sois simple

… Elle descendit à la source, remplit sa cruche, et remonta

Genèse 24:16

Rébecca était absorbée dans des tâches ménagères pratiques. Plusieurs jolies femmes ne se soucient que de leurs cheveux, leurs ongles et les robes. Pour cette raison, elles sont dépourvues d'utilité dans leur maison. Elles ne peuvent pas cuisiner ni accomplir de simples tâches. Es-tu uniquement une belle femme ?

Savais-tu que le pouvoir de la beauté physique ne dure pas très longtemps ? Rébecca était une femme gentille. Elle était une femme vertueuse. Elle parlait respectueusement au serviteur d'Éliézer.

Elle répondit : Bois mon seigneur. Et elle s'empressa d'abaisser sa cruche sur sa main, et de lui donner à boire.

Genèse 24:18

Remarque comment Rébecca appelle Éliézer seigneur. La femme vertueuse est quelqu'un qui a de bonnes manières et qui est respectueuse. Ma fille, il n'est pas nécessaire d'être en colère contre tes serviteurs tous les jours. Il n'est pas nécessaire de tempêter autour de la maison. Traite tes serviteurs avec respect et Dieu t'en bénira. Souviens-toi toujours que tu aurais pu être ce serviteur. Tu aurais pu te trouver de l'autre côté de la clôture.

Ma fille, sois hospitalière

Rébecca était très hospitalière.

Elle lui dit encore : Il y a chez nous de la paille et du fourrage en abondance, et aussi de la place pour passer la nuit.

Genèse 24:25

Ça ne la dérangeait pas d'avoir des invités. En fait, elle était heureuse de recevoir des invités. Une femme vertueuse est quelqu'un qui accueille les invités et qui les traite très bien. Pense à la façon dont tu aimerais être traitée si tu étais une invitée dans la maison de quelqu'un.

Ma fille, tu dois te décider

Ils appelèrent donc Rebecca, et lui dirent : Veux-tu aller avec cet homme ? Elle répondit : J'irai.

Genèse 24:58

Plusieurs femmes ne peuvent pas prendre de décisions. Elles sont gouvernées par leurs émotions et leurs sentiments. Pour cette raison, elles sont exclues des bienfaits de Dieu. Ma fille, Dieu ne t'a pas donné uniquement des sentiments. Il ne t'a pas donné uniquement un cœur. Il t'a donné un esprit.

On demanda à Rebecca si elle épouserait Isaac. Elle ne l'avait jamais rencontré. Certaines personnes pensent qu'elle n'a joué aucun rôle dans la décision qui a été prise. Mais, comme tu peux le constater dans l'Écriture ci-dessus, elle devait décider si elle allait y aller ou pas ! Elle a fondé sa décision sur les faits et la sagesse. Elle a épousé un bon homme et Dieu l'a bénie. Tu dois parfois permettre à ton esprit de te montrer le chemin et laisser suivre ton cœur.

Ma fille, il n'y a pas toujours plusieurs prétendants disponibles. Lorsque Dieu t'apporte une faveur, ne la refuse pas pour de piètres raisons. Il peut s'agir de ta seule et unique chance d'être mariée. Demande de bons conseils. Utilise ton esprit et sois une femme de direction. Ma fille, prend une décision et Dieu te bénira.

Issac conduisit Rebecca dans la tente de Sara, sa mère ; il prit Rebecca, qui devint sa femme, et il l'aima. Ainsi fut consolé Isaac, après avoir perdu sa mère.
Genèse 24:67

Lorsque Rebecca a éventuellement rencontré son mari, la Bible dit qu'elle devint sa femme. Elle s'est montrée à la hauteur et est devenue une femme heureuse. Elle est devenue une femme célèbre et une reine parce qu'elle était une décideuse sage. Il existe deux types de femme dans ce bas monde : les femmes qui prennent de sages décisions et les femmes qui prennent des décisions émotionnelles. Lorsque tu es une femme qui prend des sages décisions, tu feras l'envie de toutes les autres femmes.

Ma fille, sois modeste

...Alors elle prit son voile, et se couvrit
Genèse 24:65

Lorsque Rebecca retrouva son futur mari, elle se couvrit décemment. Elle savait qu'elle n'était pas encore mariée. Il n'était pas encore temps pour elle de s'exposer. Une femme vertueuse se couvre décemment avec des vêtements appropriés.

Femme, couvre-toi lorsque nécessaire. N'expose pas ce que tu ne dois pas exposer. Tu penses peut-être que tu te montres à la mode en exposant ton corps. La majorité de la mode de ce bas monde est conçue par le diable lui-même. Elle est conçue pour promouvoir une culture d'immoralité et de désordre.

Si tu suis ce que le monde fait, tu te retrouveras souvent dans le péché. Prends la peine de lire le verset suivant et constate par toi-même. Le prince de l'air dirige le cours du monde.

Dans lesquels vous marchiez autrefois, selon le train de ce monde, selon le prince de la puissance de l'air, de l'esprit qui agit maintenant dans les fils de la rébellion.

Éphésiens 2:2

Ma fille, tu peux y arriver !

Ésaü, âgé de quarante ans, prit pour femme Judith, fille de Beéri, le Héthien, et Basmath, fille d'Élon, le Héthien. Elles furent un sujet d'amertume pour le cœur d'Isaac et de Rebecca.

Genèse 26:34,35

Aucune femme n'est exempt du tas de problèmes familiaux qui surviennent. Rebecca a eu un fils qui lui a causé beaucoup de chagrin. Une femme vertueuse aura également des problèmes.

Dieu ne nous a pas promis un lit de roses. Mais il a promis de nous aider et de nous élever. Femme, ne te décourage pas parce que tu te trouves face à des problèmes.

Il n'y a rien de nouveau sous le soleil. Tu n'es pas la première femme à être battue par ton mari et tu ne seras pas la dernière. Femme, tu n'es pas la seule femme dont le mari est infidèle. Femme, tu n'es pas la seule dont le mari n'est pas sauvé. Femme, tu n'es pas la seule à ne pas être mariée. Élève-toi avec la parole de Dieu et utilise tes armes spirituelles pour vaincre chaque attaque de l'ennemi.

Écoute des prédications enregistrées tous les jours et ta foi sera rehaussée. La foi vient en écoutant et en écoutant la parole de Dieu. La foi est le bouclier qui éteint tous les traits lancés contre ta vie. Plus tu as la foi, plus grand sera ton bouclier de protection.

Prenez par-dessus tout cela le bouclier de la foi, avec lequel vous pourrez éteindre tous les traits enflammés du malin ;

Éphésiens 6:16

Ma fille, ne sois pas biaisée

Rebecca écouta ce qu'Isaac disait à Ésaü, son fils. Et Ésaü s'en alla dans les champs, pour chasser du gibier et pour le rapporter. Puis Rebecca dit à Jacob, son fils : Voici, j'ai entendu ton père qui parlait ainsi à Ésaü, ton frère : Apporte-moi du gibier et fais-moi un mets que je mangerai ; et je te bénirai devant l'Éternel avant ma mort. Maintenant, mon fils, écoute ma voix à l'égard de ce que je te commande. Va me prendre au troupeau deux bons chevreaux ; j'en ferai pour ton père un mets comme il aime : et tu le porteras à manger à ton père, afin qu'il te bénisse avant sa mort.

Genèse 27:5-10

Rebecca avait manifestement son préféré ; elle préférait Jacob à Ésaü. Quand Isaac voulut bénir son aîné, Rebecca n'était pas contente que son préféré soit exclu. Elle a manipulé les événements afin que Jacob puisse recevoir une bénédiction plus importante.

La Bible nous enseigne qu'il n'est pas sage d'être partial ou hypocrite. Plusieurs parents ne savent pas que les enfants peuvent voir à travers ces choses. La partialité suscite beaucoup de haine.

La sagesse d'en haut est premièrement pure, ensuite pacifique, modérée, conciliante, pleine de miséricorde et de bons fruits, exempte de duplicité, d'hypocrisie.

Jacques 3:17

Ma fille sois sage ! Régis ton foyer avec impartialité et équité.

Ma fille, tu y es arrivée !

Ma fille, n'interfère pas

Rebecca a interféré avec le plan de Dieu Tout Puissant. Dieu a établi sa parole avec une bénédiction spéciale pour l'aîné.

Cependant, par l'intermédiaire de Rebecca, le plan de Dieu concernant l'aîné ne s'est pas matérialisé.

Il y a des femmes qui interfèrent avec le ministère du Seigneur Jésus. Je veux que tu saches que cela ne fait qu'entraîner la malédiction dans ta vie. Rebecca savait qu'elle invitait une malédiction sur sa vie et celle de son fils. C'est pourquoi elle a dit à son fils : « Ne t'en fais pas, je recevrai la malédiction pour toi. »

Sa mère lui dit : Que cette malédiction, mon fils, retombe sur moi ! Écoute seulement ma voix, et va me les prendre.

Genèse 27:13

Ton mari est peut-être destiné à être un grand serviteur de Dieu. Permets au plan de Dieu d'avoir lieu. Peut-être que Dieu t'utilisera pour faire de grandes choses pour lui. Permets au plan de Dieu de se produire. Peut-être que Dieu veut que toi et ta famille vous vous joigniez à une église particulière, ne permets pas à la fierté de te tenir à l'écart. N'interfère pas avec le plan de Dieu pour ta vie. Laisse tes enfants être pieux et spirituels.

Ma fille, maintiens de bonnes relations

Rebecca ne vivait plus avec sa famille. Elle avait un frère nommé Laban.

Rebecca avait un frère, nommé Laban. Et Laban courut vers l'homme, près de la source.

Genèse 24:29

Bien qu'elle n'eût pas vu son frère depuis plusieurs années, elle a gardé de bonnes relations avec lui. Bien qu'une grande distance les sépara, elle a maintenu une relation saine. Femme, ne bouleverse pas les relations que Dieu t'a données.

Certaines femmes ont tendance à se disputer tout le temps avec les gens. Elles ne sont pas capables de garder des relations longtemps. Mais une femme vertueuse est capable de maintenir chacune des relations que Dieu lui a données.

Plusieurs années plus tard, Rebecca a eu besoin de quelqu'un chez qui envoyer son fils pour protection. Elle se souvint qu'elle avait un frère quelque part et elle lui envoya Jacob.

Maintenant, mon fils, écoute ma voix ! Lève-toi, fuis chez Laban, mon frère, à Charan ; et reste auprès de lui quelque temps, jusqu'à ce que la fureur de ton frère s'apaise, jusqu'à ce que la colère de ton frère se détourne de toi, et qu'il oublie ce que tu lui as fait. Alors, je te ferai revenir. Pourquoi serais-je privée de vous deux en un même jour ?

Genèse 27:43-45

Peut-être qu'un jour tu auras besoin de l'aide d'un vieil ami. Peut-être qu'un jour tu devras retourner auprès du même pasteur pour recevoir de l'aide. Sois prudente avec les bonnes relations que Dieu te donne. Sois une femme qui empêche les querelles et les conflits. Une femme vertueuse est quelqu'un qui apporte la paix.

Ma fille, ne détruis pas ta vie

Rebecca dit à Isaac : Je suis dégoûtée de la vie, à cause des filles de Heth. Si Jacob prend une femme, comme celles-ci, parmi les filles de Heth, parmi les filles du pays, à quoi me sert ma vie ?

Genèse 27:46

Femme, ne détruis pas ta vie avec tes confessions. Plusieurs choses se produisent qui n'entraînent pas la joie. Ne permets pas un esprit de dépression de prendre le dessus. Lorsque tu commences à dire : « Je suis lasse de ma vie », tu invites un esprit de mort dans ta vie. Ne permets pas à la dépression de détruire ta vie.

Plusieurs choses peuvent entraîner la dépression. Peut-être es-tu mariée à un homme qui a été infidèle. Peut-être as-tu découvert que ton mari a d'autres enfants illégitimes. Ne t'enfonce pas dans un océan de détresse et de désespoir. Souviens-toi qu'aucun homme ne peut te satisfaire, ne t'attends donc pas à l'épanouissement de la part d'un homme.

Tu dois garder les yeux sur le Seigneur. Ne détruis pas ta vie avant ton temps avec tes propres paroles.

La mort et la vie sont au pouvoir de la langue ; Quiconque l'aime en mangera les fruits.
Proverbes 18:21

Ne mets pas fin à ton mariage lorsqu'il n'est pas encore terminé. Plusieurs mariages sont détruits par la langue. Si tu maudis ton mariage, il sera maudit. Si tu lui insuffles la vie, il sera ravivé. Ma fille, n'abandonne pas ! Ma fille, il y a de l'espoir en Dieu !

Ma fille, je te promets : le matin apporte l'allégresse ! Après chaque nuit, vient le jour. Tout a une fin. Il y a une échéance pour chaque problème. La Bible enseigne qu'il y a un temps pour tout. Il y a un temps pour commencer et un temps pour finir. Il y a un temps pour les problèmes et il y a aussi un temps pour la paix. Ton moment de paix viendra certainement ! Ma fille, tu peux y arriver !

Chapitre 9

Avec tout ce que tu possèdes, acquiers l'intelligence

Voici le commencement de la sagesse : Acquiers la sagesse, Et avec tout ce que tu possèdes acquiers l'intelligence.

Proverbes 4:7

Acquérir l'intelligence n'est pas la même chose que faire une découverte. Ce n'est certainement pas une solution instantanée. Mais l'intelligence te mènera à la solution. La sagesse est plus utile pour direction.

Lorsque tu as la sagesse et l'intelligence, tu seras un genre de femme différent.

Les femmes qui s'adonnent à la lecture sont des gens d'intelligence. Les gens qui prennent la peine d'aller à l'université sont des gens d'intelligence. De nature, ces gens ont une vie plus facile.

Lorsque tu comprends à fond la cause d'un problème, il t'est plus facile de le résoudre. C'est pourquoi les docteurs en médecine consacrent autant de temps à diagnostiquer des problèmes. Comprendre le problème est souvent 80 % de la solution.

Veux-tu une vie plus facile ? Alors acquiers l'intelligence. Fais un effort pour comprendre la malédiction du Jardin d'Éden. Comprends la cause d'origine de toute frustration.

Dans ce livre, tu apprendras au sujet des frustrations des femmes. Tu comprendras les choses qui entravent les femmes. Grâce à cette nouvelle compréhension tu deviendras une femme victorieuse.

Je ne peux rien dire de plus grand que la parole de Dieu. Acquiers l'intelligence ! Acquiers la sagesse !

Chapitre 10

D'où vient la frustration ?

> Et l'Éternel Dieu dit à la femme : Pourquoi as-tu fait cela ? ... La femme répondit : Le serpent m'a séduite, et j'en ai mangé. L'Éternel Dieu dit au serpent : Puisque tu as fait cela, tu seras maudit entre tout le bétail et entre tous les animaux des champs, tu marcheras sur ton ventre, et tu mangeras de la poussière tous les jours de ta vie. Je mettrai inimitié entre toi et la femme, entre ta postérité et sa postérité : celle-ci t'écrasera la tête, et tu lui blesseras le talon. Il dit à la femme : J'augmenterai la souffrance de tes grossesses, tu enfanteras avec douleur, et tes désirs se porteront vers ton mari, mais il dominera sur toi.
>
> Genèse 3:13-16

Les femmes ont souvent été traitées comme des êtres humains de deuxième classe. Elles ont été ridiculisées et dégradées et utilisées comme simples objets de plaisir. Je crois qu'un nouveau jour se lève pour la femme qui connaît Dieu.

Un jour de promotion et d'amélioration s'annonce ! Les femmes n'ont plus à occuper la deuxième place ou même le siège arrière. Elles doivent occuper les positions qui leur ont été données par Dieu.

Il y a beaucoup de frustrations dans ce monde et les femmes n'en sont pas exemptes. Chaque femme vivra pour combattre ces batailles. Mais il y a un moyen de se sortir des nombreuses frustrations auxquelles font face les femmes aujourd'hui.

Les frustrations des femmes sont bien décrites dans la malédiction d'Ève dans le Jardin d'Éden. Comprendre ces problèmes est la première étape pour les surmonter.

Rappelle-toi toujours qu'avec les diagnostiques 80 % de tes problèmes sont deja résolus. Ces malédictions sont l'explication la plus plausible de l'état des femmes.

Chapitre 11

Les sept entraves des femmes

1. La tromperie

Les femmes sont plus susceptibles à la tromperie. « Être trompée », c'est croire à quelque chose qui n'est pas vrai. Plusieurs querelles se produisent à cause de la tromperie. L'apôtre Paul utilise ce point (de la femme qui est souvent trompée) pour souligner pourquoi elles ne doivent pas occuper un rôle de leadership.

> Et l'Éternel Dieu dit à la femme : Pourquoi as-tu fait cela ? ... La femme répondit : Le serpent m'a séduite, et j'en ai mangé.
>
> Genèse 3:13

> Que la femme écoute l'instruction en silence, avec une entière soumission. Je ne permets pas à la femme d'enseigner, ni de prendre de l'autorité sur l'homme, mais elle doit demeurer dans le silence. Car Adam a été formé le premier, Ève ensuite ; et ce n'est pas Adam qui a été séduit, c'est la femme qui, séduite, s'est rendue coupable de transgression.
>
> 1 Timothée 2:11-14

La tromperie d'Ève est très révélatrice de l'état des femmes. Elles croient plus facilement et sont plus facilement trompées. Chaque femme doit accepter avec humilité le fait qu'elles soient plus facilement trompées. Cette réalité peut être déroutante puisqu'elles croient aussi facilement à la bonne chose.

Il est véritablement étonnant que celles qui reçoivent et croient plus facilement sont également plus facilement trompées. Plusieurs femmes sont plus spirituelles que leur mari. Elles croient en Dieu et suivent l'Esprit beaucoup plus rapidement. Il est difficile de voir comment de tels êtres spirituels puissent également être ouverts à la tromperie.

Accepter cette réalité avec humilité attirera la grâce de Dieu dans ta vie. Dieu te sauvera de la tromperie et te gardera sur le chemin de la vertu.

2. L'inimité de Satan pour les femmes

Satan hait les femmes. Le diable s'efforce de détruire entièrement la race humaine mais, il nourrit une haine spéciale envers les femmes. La parole de Dieu nous révèle que les femmes sont la cible spéciale de Satan.

Je mettrai inimitié entre toi et la femme, entre ta postérité et sa postérité : celle-ci t'écrasera la tête, et tu lui blesseras le talon.

Genèse 3:15

Cette réalité explique pourquoi les femmes semblent avoir plus de problèmes que les hommes. Elles sont la cible spéciale des esprits maléfiques. Cela explique pourquoi la situation de la femme est souvent si pathétique. Cela explique l'existence du nombre incalculable de groupes et de mouvements pour les femmes. Il y a effectivement une attaque spéciale de l'ennemi contre les femmes.

C'est pourquoi les femmes doivent être spirituelles. Toute femme sage se développera spirituellement. Pour ce faire, elle doit étudier la Bible, lire des livres chrétiens et écouter des enregistrements des prédications.

3. La malédiction de désirer un mari qui les dominera

Plusieurs des problèmes avec lesquels les femmes sont aux prises sont liés à trouver un mari et le garder. Dans l'église, un grand pourcentage des problèmes des femmes sont liés à cela. Le mariage, bien que célébré en grande pompe, est en fait décrit comme une sorte de malédiction dans le livre de la Genèse, chapitre trois.

... et tes désirs se porteront vers ton mari, mais il dominera sur toi.

Genèse 3:16

Le désir d'un mari est une des malédictions et des frustrations les plus dévastatrices lancées sur les femmes. Même les femmes les plus indépendantes en arrivent au moment où elles veulent un homme. Les femmes plus âgées, qui sont dorénavant incapable de donner naissance, veulent tout de même se marier. En fait, une analyse approfondie de la situation révélera uniquement les rouages d'une malédiction.

La malédiction est contournée par la puissance et la sagesse de Dieu.

4. Les souffrances multipliées

... J'augmenterai la souffrance de tes grossesses, tu enfanteras avec douleur...

Genèse 3:16

Les femmes ont enfanté les enfants de ce monde dans la souffrance. Les immenses blocs gynécologiques dans la plupart des hôpitaux témoignent des souffrances des femmes. Les souffrances commencent alors qu'elles essaient de d'avoir un enfant. Les souffrances se poursuivent durant la maternité.

Certaines femmes perdent leur santé durant la maternité et d'autres perdent leur beauté. Certaines meurent pendant la maternité alors que d'autres perdent leur charme ou même leur mari.

Le prix est élevé mais, elles le paient encore et encore. Après la maternité, la lutte et les douleurs continuent en élevant les enfants.

Grâce à la sagesse, tu surmonteras ces défis. La sagesse des sciences médicales a permis d'avoir des enfants sans trop de problèmes.

5. La nature immorale

La chair est la nature charnelle au sein de l'être humain. L'affection de la chair donne la mort. Et celui qui sème dans la chair moissonnera la corruption. La vie de plusieurs femmes a été corrompue parce qu'elles ont suivi la chair et l'intgelligence. Cette réalité aggrave les problèmes de chaque femme.

Tu ne suivras jamais ta chair lorsque tu comprends la parole de Dieu. La puissance de Dieu t'aidera à vaincre la faiblesse qui se trouve dans ta chair.

... L'affection de la chair c'est la mort.
Romains 8:6

6. La faiblesse

Les femmes sont décrites comme un sexe plus faible.

... montrer à votre tour de la sagesse dans vos rapports avec vos femmes, comme avec un sexe plus faible...
1 Pierre 3:7

Un chalutier de pêche plus faible ne peut être comparé à la force d'un porte-avions nucléaire. Le navire le plus faible est plus facilement ballotté par les tempêtes ou les situations. Cette faiblesse est la raison derrière plusieurs excursions émotionnelles imprévues des femmes.

Le monde des femmes est caractérisé par des détours de courants d'émotions tourbillonnant, virevoltant, se faufilant et tournant sur eux-mêmes, des querelles et l'instabilité. Les sautes d'humeur variées et la nature capricieuse des femmes les rendent habituellement peu convenable au leadership constant.

C'est pourquoi la Bible est si claire au sujet de qui est le chef de famille et de l'église. L'apôtre Paul était plus convaincant sur ce sujet que personne d'autre. Paul affirmait que quiconque étant spirituel saurait reconnaîtrait cette réalité au sujet des femmes.

Que les femmes se taisent dans les assemblées, car il ne leur est pas permis d'y parler ; mais qu'elles soient soumises, selon que le dit aussi la loi. Si elles veulent s'instruire sur quelque chose, qu'elles interrogent leurs maris à la maison ; car il est malséant à une femme de parler dans l'Église. Est-ce de chez vous que la parole de Dieu est sortie ? ou est-ce à vous seuls qu'elle est par-venue ? Si quelqu'un croit être prophète ou inspiré, qu'il reconnaisse que ce que je vous écris est un commandement du Seigneur.
1 Corinthiens 14:34-37

7. La rudesse des hommes

Généralement parlant, les hommes sont plus forts et plus autoritaires que les femmes. La plupart des hommes qui opèrent d'un cœur de chair ne traitent pas les femmes gentiment. La cruauté des hommes opérant avec la nature de Satan est comme le dernier coup de grâce.

La nécessité des groupes pour femmes qui défendent les droits des femmes est évidente. En fin de compte, c'est le Seigneur qui te relèvera la tête si tu es une femme.

Chapitre 12

Les clés des femmes

Les femmes n'ont pas à vivre une vie de tristesse, de dépression et de misère uniquement à cause de la malédiction. Il est vrai que les femmes sont désespérément condamnées à un état de tristesse à cause de la malédiction adamique.

Oui, il est vrai que la malédiction nous explique beaucoup de choses. Mais il y a de l'espoir ! La bonne nouvelle est qu'une femme de direction peut gagner le contrôle des frustrations qu'elle rencontre dans le monde.

Les clés

Il y a deux clés qui permettent à la femme de gagner le contrôle de ces difficultés : la puissance de Dieu et la sagesse de Dieu.

> ... mais puissance de Dieu et sagesse de Dieu...
> **1 Corinthiens 1:24**

Ces deux ingrédients (puissance et sagesse) sont disponibles pour chaque femme chrétienne. Une femme de direction emploie à la fois la puissance et la sagesse pour surmonter chaque flèche qui lui est lancée.

La clé de la sagesse

Tu as besoin de sagesse pour être une femme de direction. La Bible enseigne que la sagesse a l'avantage du succès.

... mais la sagesse a l'avantage du succès.
Ecclésiaste 10:10

Plusieurs des problèmes auxquels sont confrontées les femmes ne peuvent être surmontés par la simple force. Ils doivent être surmontés en utilisant la sagesse. À moins que Dieu n'intervienne, plusieurs des conditions auxquelles les femmes doivent faire face ont des solutions naturelles. Cependant, la Bible nous enseigne que la sagesse est la clé pour résoudre les situations impossibles.

Nous pouvons surmonter chaque situation désespérée avec la sagesse de Dieu. Lis ce passage attentivement.

La guerre impossible

La Bible enseigne au sujet d'une ville qui faisait face à une guerre impossible. Il s'agissait d'une petite ville où peu de gens habitaient. La ville était entourée par l'ennemi qui avait établi un grand déploiement de véhicules blindés et d'artillerie. Tout le monde savait que ce n'était qu'une question de temps avant qu'ils ne soient tous tués.

Mais une solution s'est offerte d'une source inattendue. Il y avait un homme pauvre et sage à qui sont venues quelques idées qui ont permis de délivrer la ville entière. Il n'a pas délivré la ville par la force ou grâce à de l'expérience militaire. Il a délivré la ville par la sagesse.

Il y avait une petite ville, avec peu d'hommes dans son sein ; un roi puissant marcha sur elle, l'investit, et éleva contre elle de grands forts. Il s'y trouvait un homme pauvre et sage, qui sauva la ville par sa sagesse ...
Ecclésiaste 9:14-15

Les vies de plusieurs femmes sont comme cette ville désespérée qui faisait face à une bataille sans espoir. Je dis cela parce que je suis un pasteur et que c'est quelque chose que je vois tout le temps. Je sais que la vie de plusieurs femmes est comme cette petite ville qui n'avait aucune façon d'aller de l'avant.

Plusieurs femmes sont mariées à des hommes qui les maltraitent, les malmènent et qui leur sont infidèles ! Elles vivent une vie de querelles et de tristesses constantes. Il semble n'y avoir aucune façon d'aller de l'avant dans leur situation. Elles n'ont souvent que deux options: le divorce ou une vie de misère. Plusieurs femmes ne font qu'exister dans leur mariage jusqu'à leur mort.

D'un autre côté, il y a plusieurs femmes qui désirent se marier. Leurs anniversaires sont presque des jours de deuil. Alors qu'elles vieillissent, leur espoir de se marier diminue.

Il y a également plusieurs femmes qui cherchent à avoir des enfants. Elles essaient tout, mais il n'y a toujours pas d'enfant. Alors que les jours passent, elles deviennent de plus en plus sombres. Qu'est-ce qui peut être fait au sujet de ces problèmes intraitables ? Aujourd'hui, je te présente une nouvelle lueur d'espoir pour ta situation.

La sagesse est le moyen d'aller de l'avant. La sagesse apporte la direction.

... mais la sagesse a l'avantage du succès.
Ecclésiaste 10:10

Je veux que tu sois une femme de direction. Comment peux-tu être une femme de direction ? La Bible enseigne que la sagesse apporte la direction. Dieu te dirigera hors de chaque situation difficile.

Tout comme l'homme a délivré la ville de la destruction, ta vie entière sera secourue par la sagesse du Seigneur.

Voici le commencement de la sagesse : Acquiers la sagesse, Et avec tout ce que tu possèdes acquiers l'intelligence. Exalte-la, et elle t'élèvera ; Elle fera ta gloire, si tu l'embrasses ;
Proverbes 4:7-8

L'Écriture que nous venons tout juste de lire dit que nous devrions exalter et embrasser la sagesse dans nos vies. « Embrasser » signifie « serrer fort ». Je veux que tu serres ce livre jusqu'à ce que tu aies fini de le lire. Puis, je veux que tu le lises à nouveau. Je veux que tu le lises jusqu'à ce que la sagesse contenue dans ces pages soit transférée à ton cœur.

Les solutions à la multitude de problèmes intraitables auxquels font face les femmes sont traitées dans la parole de Dieu. Une femme de direction est une femme qui prend la sagesse et ne la relâche pas.

Comment obtenir la sagesse

1. **Prie pour la sagesse**

   Si quelqu'un d'entre vous manque de sagesse, qu'il la demande à Dieu, qui donne à tous simplement et sans reproche, et elle lui sera donnée.

   Jacques 1:5

2. **Étudie la parole**

   Tous les trésors de la sagesse et de l'intelligence se cachent en Lui. Le plus près tu t'approches de Dieu, le plus de sagesse tu auras.

   ... mystère dans lequel sont cachés tous les trésors de la sagesse et de la science.

   Colossiens 2:3

Le pouvoir

Le pouvoir de Dieu est la grâce de Dieu. La grâce de Dieu suffit pour chaque situation. Dieu t'élèvera par sa puissance. Il y a certaines choses que Dieu veut faire pour toi. Comment peux-tu obtenir cette grâce dont tu as besoin ? La réponse est l'humilité. Humilie-toi à la vue du Seigneur et Il t'élèvera.

... car Dieu... Mais il fait grâce aux humbles.

1 Pierre 5:5

Chapitre 13

Ma fille, pendant que tu attends

Pendant que tu attends, continue à aller à l'église

Chaque année, cet homme montait de sa ville à Silo, pour se prosterner devant l'Éternel des armées et pour lui offrir des sacrifices. Là se trouvaient les deux fils d'Éli, Hophni et Phinées, sacrificateurs de l'Éternel. Le jour où Elkana offrait son sacrifice, il donnait des portions à Peninna, sa femme, et à tous les fils et à toutes les filles qu'il avait d'elle. Mais il donnait à Anne une portion double ; car il aimait Anne, que l'Éternel avait rendue stérile. Sa rivale lui prodiguait les mortifications, pour la porter à s'irriter de ce que l'Éternel l'avait rendue stérile. Et toutes les années il en était ainsi. Chaque fois qu'Anne montait à la maison de l'Éternel, Peninna la mortifiait de la même manière. Alors elle pleurait et ne mangeait point.

1 Samuel 1:3-7

Que fait-on en attendant pour un miracle ? Que devrais-tu faire en attendant la réponse de Dieu ? Anne était la femme qui a continué d'aller à l'église (Silo) malgré ses problèmes. Anne est celle de qui nous apprenons quoi faire alors que nous attendons pour un miracle !

Les femmes doivent faire face à plusieurs problèmes. Une femme de direction est quelqu'un qui ne peut être détournée de son église malgré ses problèmes. Chère femme, ton aide vient de Dieu. Le diable aimerait te tenir à distance de ta source d'aide.

Anne souffrait de stérilité et aurait pu rester à la maison, en dépression. Elle aurait pu travailler jour et nuit. Elle aurait pu se résoudre à la sorcellerie et à toutes sortes de choses pour l'aider. Mais elle a continué à aller à Silo. Silo est l'endroit où les prières et les sacrifices sont faits pour le Seigneur.

Pendant que tu attends, remarque les bienfaits de Dieu autour de toi.

Mais il donnait à Anne une portion double ; car il aimait Anne, que l'Éternel avait rendue stérile. Elkana, son mari, lui disait : Anne, pourquoi pleures-tu, et ne manges-tu pas ? pourquoi ton cœur est-il attristé ? Est-ce que je ne vaux pas pour toi mieux que dix fils ?
1 Samuel 1:5,8

Le mari d'Anne l'aimait vraiment. La Bible nous dit comment il lui donna une portion double et décrit son amour profond pour elle. Mais Anne n'a pas remarqué l'amour de son mari. Anne a pleuré et pleuré et n'a pas remarqué qu'elle avait un bon mari.

Une femme de direction doit apprendre à voir au-delà de ses problèmes. Certaines femmes sont tellement prises par leurs problèmes qu'elles ne peuvent pas voir la bonté de Dieu autour d'elles. Peut-être y a-t-il quelque chose à redire sur ton mari. Ne sois pas si prise avec cette faute que tu ne vois pas comment Dieu t'a bénit. L'herbe est toujours plus verte chez le voisin.

À un moment donné, le mari d'Anne lui demanda: « Est-ce que je ne vaux pas mieux que dix fils pour toi ? » Peut-être que tes difficultés t'ont rendue aveugle aux bienfaits de Dieu. Ne permets pas, je t'en pris, à un nuage gris de tout menacer à cause d'un problème que tu as.

Elkana, son mari, lui disait : Anne, pourquoi pleures-tu, et ne manges-tu pas ? pourquoi ton cœur est-il attristé ? Est-ce que je ne vaux pas pour toi mieux que dix fils ?

1 Samuel 1:8

Anne ne pouvait pas voir qu'elle avait un bon mari. Elle ne pouvait pas remarquer que son mari était très généreux et bon. Anne n'a pas pensé au fait que même si elle avait des enfants, ils grandiraient et quitteraient un jour la maison. Ensuite, elle serait à nouveau seule avec son mari.

Peut-être recherches-tu un mari ou peut-être veux-tu que ton mari soit sauvé. Une femme de direction ne permet pas à ses problèmes de venir ombrager les bienfaits qu'elle a déjà. Ma fille, pendant que tu attends, remarque les bienfaits de Dieu autour de toi. Sois reconnaissante pour ce que tu as, il y en a plus à venir.

Pendant que tu attends, utilise tes armes spirituelles

Et, l'amertume dans l'âme, elle pria l'Eternel et versa des pleurs.

1 Samuel 1:10

Dans ce verset, on voit comment Anne leva les yeux vers le Seigneur et pria avec de grands cris et avec larmes (Hébreux 5:7). Elle était une guerrière de la prière. Ma fille, tes armes ne sont pas charnelles, elles sont puissantes à travers Dieu. Peut-être as-tu besoin d'un bébé.

Peut-être as-tu besoin d'un mari. N'aie pas recours aux méthodes physiques ou humaines pour obtenir ce dont tu as besoin.

Plusieurs problèmes sont d'origine spirituelle et une fille de la destinée sait cela ! Si tu cherches un bébé, il est bien de trouver les soins médicaux appropriés. Mais une femme de direction sait que la prière est la solution. Continue de prier, il y a de la puissance dans la prière. En étudiant la Bible, tu réaliseras que plusieurs personnes on reçu des bienfaits et des révélations par la prière.

C'est pourquoi je vous dis : Tout ce que vous demanderez en priant, croyez que vous l'avez reçu, et vous le verrez s'accomplir.

Marc 11:24

Avant qu'Anne ne puisse faire quoi que ce soit pour l'en empêcher, son mari avait marié quelqu'un d'autre afin d'avoir des enfants. Cela est une pratique très commune en Afrique puisque certains considèrent le fait de ne pas avoir d'enfant une malédiction.

Plusieurs maris sont sous l'effet de la pression de trouver quelqu'un avec qui avoir un bébé. Il n'est peut-être pas facile d'être une deuxième femme. Être la seule femme est également un défi. Avant qu'Anne ne puisse faire quoi que ce soit, elle s'est retrouvée dans une mauvaise situation.

Femme, je veux que tu saches que Dieu voit tout ce que tu subis. Il est à tes côtés. Il te délivrera. Il te gardera. Je te vois te faire tirer de cette situation impossible ! En lisant de livre, une nouvelle lumière commencera à illuminer ta vie. Les jours des reproches et de l'humiliation sont terminés. Je le déclare comme tel, au nom de Jésus.

Alors que tu attends, fais un serment !

Elle fit un vœu, en disant : Éternel des armées ! si tu daignes regarder l'affliction de ta servante, si tu te souviens de moi et n'oublies point ta servante, et si tu donnes à ta servante un enfant mâle, je le consacrerai à l'Éternel pour tous les jours de sa vie, et le rasoir ne passera point sur sa tête.

1 Samuel 1:11

Anne était une femme de direction. Elle est allée plus loin que la plupart d'entre nous l'auraient fait. Elle a fait une promesse à Dieu. S'il lui donnait un enfant elle le rendrait au Seigneur. Elle promit de donner ce qu'elle avait de plus précieux avant même qu'il ne soit né. Peut-être Dieu attend-il que tu Lui fasses une telle promesse. Peux-tu faire un serment et le garder ?

Pendant que tu attends, respecte tes serments

Anne a gardé son serment.

Mais Anne ne monta point, et elle dit à son mari : Lorsque l'enfant sera sevré, je le mènerai, afin qu'il soit présenté devant l'Éternel et qu'il reste là pour toujours. Elkana, son mari, lui dit : Fais ce qui te semblera bon, attends de l'avoir sevré. Veuille seulement l'Éternel accomplir sa parole ! Et la femme resta et allaita son fils, jusqu'à ce qu'elle le sevrât.

Quand elle l'eut sevré, elle le fit monter avec elle, et prit trois taureaux, un épha de farine, et une outre de vin. Elle le mena dans la maison de l'Éternel à Silo : l'enfant était encore tout jeune. Ils égorgèrent les taureaux, et ils conduisirent l'enfant à Éli. Anne dit : Mon seigneur, pardon ! aussi vrai que ton âme vit, mon seigneur, je suis cette femme qui me tenais ici près de toi pour prier l'Éternel. C'était pour cet enfant que je priais, et l'Éternel a exaucé la prière que je lui adressais. Aussi je veux le prêter à l'Éternel : il sera toute sa vie prêté à l'Éternel. Et ils se prosternèrent là devant l'Éternel.

1 Samuel 1:22-28

Elle donna au Seigneur et le Seigneur lui rendit. L'argent est-il un problème pour toi ? Trouves-tu difficile de donner à Jésus ? Libère cet argent et laisse-le aller dès maintenant ! Paie la dîme et remets des offrandes.

Une femme de direction est quelqu'un qui paie ses premiers et meilleurs fruits ou qui paie la dîme au Seigneur. Elle fait le serment qu'elle va supporter le ministère et tient parole.

Il y a plusieurs femmes qui ont un problème avec l'argent. Femme, ne laisse pas le dieu de ce monde avoir contrôle sur ta vie. Il y a plusieurs bienfaits qui sont relâchés lorsque tu paies tes serments.

Savais-tu que lorsqu'Abraham a donné la dîme au Seigneur, la bénédiction qu'il a reçue fut un enfant ? La Bible nous enseigne qu'Abraham était très riche, il n'avait pas besoin de plus d'argent. Dieu sait ce dont nous avons besoin. En lui donnant, Dieu te donnera ce dont tu as besoin.

Les principes sont des choses qui se produisent que tu le veuilles ou non ! Il y a un principe au sujet de donner. Plus tu donnes, plus tu reçois.

Donnez, et il vous sera donné : on versera dans votre sein une bonne mesure, serrée, secouée et qui déborde ; car on vous mesurera avec la mesure dont vous vous serez servis.

Luc 6:38

Anne a donné un fils au Seigneur : le principe a fonctionné ! Dieu lui a donné cinq autres fils en retour.

Aide ton fils à devenir un pasteur !

Sa mère lui faisait chaque année une petite robe, et la lui apportait en montant avec son mari pour offrir le sacrifice annuel.

1 Samuel 2:19

Dans cet Écriture, tu remarqueras comment Anne a donné son fils pour le ministère. Elle savait que la vie de son enfant allait être différente de celle des autres petits enfants. C'était un grand sacrifice pour elle d'amener son seul enfant au temple. Elle savait que la vie de son enfant allait être difficile. Néanmoins, elle a gardé sa promesse et a renoncé à ce qui lui était le plus précieux.

Fais une robe de pasteur pour ton fils

Puis elle a lui a fait une petite robe pour l'aider au ministère. Cette petite robe représente sa contribution à son ministère. Elle lui donnait des vêtements qu'il pouvait utiliser à l'église.

Une femme de direction est quelqu'un qui aimerait que son enfant serve le Seigneur. Certaines personnes ne veulent pas que leur mari ou leurs enfants aillent près du ministère. Elles ont toutes une façon subtile de s'opposer à l'idée de devenir des ministres. Une femme de direction va remettre son mari ou son fils au ministère. Ma fille, aide ton mari à satisfaire à l'appel.

Ma fille, continue à chanter

Anne était une femme qui écrivait et qui chantait des chansons après avoir eu des enfants. Plusieurs chrétiens aujourd'hui quittent le ministère de la musique après avoir eu des enfants. Ils ne rendent plus grâce au Seigneur comme ils le faisaient avant. Anne a composé de belles chansons. Elle a composé « Nul n'est saint. »

Après sa promotion, elle a été trouvée dans la maison du Seigneur à prier. Elle chantait toujours. Plusieurs femmes désirent une révélation du Seigneur mais, lorsqu'elles la reçoivent, elles se plaignent à quel point elles sont occupées avec leurs enfants. Elles expliquent comment elles souffrent de nausées matinales. Elles ne peuvent plus aller à l'église à cause de douleurs au dos.

Merci mon Dieu pour des filles spirituelles ! Une femme de direction reste auprès du Seigneur même après l'arrivée de la bénédiction. Une femme de direction devient encore plus zélée après la promotion de Dieu.

Femme, peux-tu être séparée de ton enfant ?

Certaines femmes sont tellement attachées à leurs enfants qu'elles n'ont plus aucune utilité pour quiconque. Leur mari souffre parce qu'un enfant est venu. L'église souffre parce qu'un enfant est venu. Parfois leur travail en souffre également.

Une femme de direction n'est pas accablée à cause d'un enfant. Elle ne permet pas à son enfant de la séparer de la volonté de Dieu. Elle est capable de laisser son enfant pendant quelques heures afin de remplir son ministère. Femme, ne sois pas submergée par la bénédiction de la maternité.

Femme, va au-delà de tes émotions

Et toutes les années il en était ainsi. Chaque fois qu'Anne montait à la maison de l'Éternel, Peninna la mortifiait de la même manière. Alors elle pleurait et ne mangeait point. Elkana, son mari, lui disait : Anne, pourquoi pleures-tu, et ne manges-tu pas ? pourquoi ton cœur est-il attristé ? Est-ce que je ne vaux pas pour toi mieux que dix fils ?

1 Samuel 1:7,8

Anne était une personne émotionnelle. Tu peux voir dans l'Écriture qu'elle a pleuré et crié tout comme toute autre femme. Elle avait des sentiments et des problèmes émotionnels. Mais elle est allée au-delà de ses émotions et est devenue une personne spirituelle. En fait, elle est devenue plus spirituelle après son problème.

Ma fille, permets à Dieu de t'attirer plus profondément dans les choses de l'Esprit. Grâce à tes problèmes, tu apprendras à mieux connaître Dieu. En fait, tout ce passera pour ton plus grand bien. Femme, il y a une bénédiction qui t'attend. Va au-delà de tes émotions et deviens une personne spirituelle.

Chapitre 14

Ma fille, prends l'onction

Jésus dans la barque regagna l'autre rive, où une grande foule s'assembla près de lui. Il était au bord de la mer. Alors vint un des chefs de la synagogue, nommé Jaïrus, qui, l'ayant aperçu, se jeta à ses pieds, et lui adressa cette instante prière : Ma petite fille est à l'extrémité, viens, impose-lui les mains, afin qu'elle soit sauvée et qu'elle vive. Jésus s'en alla avec lui. Et une grande foule le suivait et le pressait.

Or, il y avait une femme atteinte d'une perte de sang depuis douze ans. Elle avait beaucoup souffert entre les mains de plusieurs médecins, elle avait dépensé tout ce qu'elle possédait, et elle n'avait éprouvé aucun soulagement, mais était allée plutôt en empirant. Ayant entendu parler de Jésus, elle vint dans la foule par derrière, et toucha son vêtement. Car elle disait : Si je puis seulement toucher ses vêtements, je serai guérie. Au même instant la perte de sang s'arrêta, et elle sentit dans son corps qu'elle était guérie de son mal.

Jésus connut aussitôt en lui-même qu'une force était sortie de lui ; et, se retournant au milieu de la foule, il dit : Qui a touché mes vêtements ? Ses disciples lui dirent : Tu vois la foule qui te presse, et tu dis : Qui m'a touché ? Et il regardait autour de lui, pour voir celle qui avait fait cela.

La femme, effrayée et tremblante, sachant ce qui s'était passé en elle, vint se jeter à ses pieds, et lui dit toute la vérité. Mais Jésus lui dit : Ma fille, ta foi t'a sauvée ; va en paix, et sois guérie de ton mal.

Marc 5:21-34

Les filles sont réceptives

Je crois dur comme fer à la capacité des femmes à attraper l'onction. Plusieurs personnes accusent les femmes d'être émotionnelles. Avec le passage des années, je pense que je peux dire que les femmes sont plus réceptives à l'Esprit Saint que les hommes. Cette réceptivité est souvent mal comprise.

Chère sœur, l'onction te tend les bras. Tu dois aller à la rencontre avec ton esprit et prendre ce que Dieu a pour toi. Ne sois plus intimidée par les frères qui sont difficiles et inflexibles à l'Esprit Saint. Il y a une différence entre un homme et une femme. J'ai remarqué cette différence quant il s'agit des affaires du Seigneur.

Si tu regardes de près l'histoire de la femme atteinte d'une perte de sang, tu apprendras certaines choses au sujet des femmes ayant l'onction. Jésus était entouré de ses disciples.

Lors de cette journée en particulier, l'onction circulait à un niveau très élevé. Quelques heures plus tôt, Jésus avait chassé six mille démons d'un homme fou à Gadara. Il avait traversé la rivière et était en chemin pour ressusciter les morts.

Les douze disciples étaient très près de l'onction mais n'avaient pas ce qu'il fallait pour se relier à la puissance. Une certaine femme, malodorante et sans nom (anonyme jusqu'à ce jour) s'est approchée de Jésus. Elle avait ce qu'il fallait pour se relier à l'onction qui était sur Jésus.

Aussitôt qu'elle eût touché l'ourlet du vêtement de Jésus, il lui est arrivé quelque chose. L'onction entra en elle. Jésus le ressentit et elle aussi.

Jésus connut aussitôt en lui-même qu'une force était sortie de lui ; et, se retournant au milieu de la foule, il dit : Qui a touché mes vêtements ?
Marc 5:30

Lorsque Jésus demanda à ses disciples qui s'était relié à l'onction, ils ont été très surpris. Ils demandèrent au Seigneur : « De quoi parles-tu ? » Ils bégayèrent: « Quelle puissance circule où ? » Ils étaient confus et ils posèrent une autre question : « De quoi parle-t-il ? Je ne ressens rien et toi ? » Ils se tournèrent vers Jésus en défendant leur insensibilité aux affaires de l'Esprit.

Ils lui dirent: « Ne vois-tu pas que la foule te bouscule ? Ce que tu as ressenti n'était pas l'onction. Tu as simplement ressenti la pression de la foule autour de toi. Il semblerait que tu deviens émotif. » *Merzee* ! *

Mais Jésus savait que l'onction circulait. Il savait également que quelqu'un l'avait reçue. La femme inconnue dans la foule avait déjà commencé à se réjouir par ce qu'elle avait reçu la puissance.

Au même instant la perte de sang s'arrêta, et elle sentit dans son corps qu'elle était guérie de son mal.

Marc 5:29

N'est-il pas étonnant que les disciples n'aient pas reconnu ou ressenti la circulation de l'Esprit pour le service ? Une inconnue, venant de nulle part, s'est approchée et l'a entièrement reçue. Il s'agit là d'une tendance que j'ai remarquée.

Parfois, lorsque je prie pour les gens à l'autel, je remarque que les femmes sont plus réceptives. Elles ressentent la puissance de Dieu. Elles sentent l'Esprit de déplacer. Parfois, les hommes sont comme des statues de marbre couvertes de plâtre de Paris. Certaines personnes ne peuvent rien recevoir. Tu vois, la puissance de Dieu peut être ressentie. Jésus l'a sentie sortir de lui. La femme atteinte d'une perte de sang a aussi senti la puissance entrer en elle. Tu peux peut-être voir toutes ces choses comme étant émotionnelles. Je peux vous assurer qu'il s'agit de beaucoup plus que les émotions d'une femme. Ma fille, tu es réceptive.

---

*L'expression « *Merzee* » est une expression familière de l'auteur.

Parfois les femmes deviennent intimidées par les gens autour d'elles. Elles ont l'impression qu'ils sont hystériques. Ma fille, tu n'es pas hystérique. Tu es seulement réceptive à l'Esprit de Dieu ! Cependant, tu remarqueras qu'il semble y avoir plus d'hommes impliqués activement dans le ministère. Pourquoi cela ? Il y a quelques raisons expliquant pourquoi il y a plus d'hommes qui se joignent au ministère. Tu remarqueras que cette femme atteinte d'une perte de sang n'est jamais devenue une ministre. Si elle l'a fait, cela n'a pas été mentionné dans la Bible.

Cependant, nous voyons les disciples devenir des apôtres, des prophètes et des enseignants qui ont réussi. Dans le deuxième chapitre des Actes, nous voyons les disciples recevoir l'onction et parler en langues. Il leur a fallu plus de temps pour recevoir l'onction. Mais lorsqu'ils l'ont reçue, les résultats ont été dramatiques. Nous les voyons devenir des ministres dans le livre des Actes. Je crois que les femmes reçoivent l'onction beaucoup plus rapidement que les hommes mais, les soucis du siècle étouffent la parole et la rendent infructueuse.

... mais en qui les soucis du siècle, la séduction des richesses et l'invasion des autres convoitises, étouffent la parole, et la rendent infructueuse.

Marc 4:19

Les femmes sont particulièrement affectées dans trois domaines. Tout d'abord, dans le domaine de trouver un mari. Deuxièmement, s'assurer que leur mariage est réussi et paisible. Et troisièmement, porter et élever des enfants. J'ai observé des femmes, ayant une grande onction, perdre leur ministère alors qu'elles succombaient à ces réalités.

Femme, sans aucune faute de ta part, tu devras lutter contre ces réalités. C'est uniquement si tu es déterminée que tu demeureras dans le ministère.

Dans mon église, j'ai découvert que les femmes sont de très bonnes bergères et pasteures. Certains de mes meilleurs pasteurs sont des femmes. Lorsqu'elles sont capables de surmonter ces trois défis, elles deviennent extrêmement utiles. Ma fille, tu as reçu l'onction. Tu dois prévaloir avec l'onction.

Ma fille, prends les mesures suivantes

Ma fille, il est important d'étudier les mesures que cette femme anonyme a prises alors qu'elle s'est approchée de l'onction. Tu dois étudier de près ce que cette femme anonyme a fait afin de recevoir de Dieu. Dieu te réserve beaucoup de choses. Remarque les quatre mesures que cette femme a prises pour recevoir l'onction. J'ai appris ces étapes de Kenneth Hagin.

Première étape, elle l'a entendu. Deuxième étape, elle y a cru. Troisième étape, elle l'a dit. Quatrième étape, elle l'a fait.

Elle l'a entendu !

Ayant entendu parler de Jésus, elle vint dans la foule par derrière, et toucha son vêtement.

Marc 5:27

Une fille de la destinée doit s'exposer à la parole de Dieu afin qu'elle puisse entendre les bonnes choses. Plus tu entends, plus tu crois. Plus tu crois, plus tu es ouverte aux bienfaits de Dieu. Femme de direction, es-tu quelqu'un qui écoute les prédications enregistrées ? Regardes-tu des vidéos de prédications ? Lis-tu des livres ? Ou cherches-tu seulement à atteindre les bienfaits ?

Elle y a cru !

Cette femme a fait certaines choses qui lui ont valu une certaine bénédiction. Elle a cru ! Plus tu entends, plus tu croiras. Je veux que tu croies que Dieu a répondu à tes prières. Je veux que tu croies que tu prospéreras. Il est plus bénéfique pour toi de croire que de douter. Crois que Dieu t'a donné un bon mari et un bon mariage. N'en doute pas, peu importe ton âge.

Elle l'a dit !

Troisièmement, cette femme l'a dit. Je veux que tu dises des choses positives à partir d'aujourd'hui. Parle positivement. Tu as reçu l'onction. Parle positivement. C'est en croyant du coeur et c'est en confessant de la bouche que l'on parvient au salut.

Tu dois faire des confessions positives au sujet de ta vie. Afin d'obtenir de l'aide pratique sur la façon de faire des confessions positives, consulte le livre de l'évêque Heward-Mills « Nommez-le ! Réclamez-le !! Prennez-le !!! ».

Elle l'a fait !

La quatrième et dernière étape est de faire quelque chose. Tends ton cœur et ta main et reçois le Seigneur. Si tu veux un mari, fais quelque chose pour y arriver. Après avoir entendu et avoir cru que Dieu va te bénir, revêts de beaux vêtements, prends un air intelligent et sois amicale. Tout le monde veut marier quelqu'un qui est chaleureux et qui éprouve des sentiments. Ma fille, n'oublie jamais ces quatre étapes vers ta bénédiction. Entends-le, crois-y et fais-le !

Chapitre 15

Ma fille, y a-t-il une malédiction quelque part ?

... en sorte que ce qu'on voit n'a pas été fait de choses visibles.

Hébreux 11:3

Tout ce que tu vois dans le monde physique et naturel est une réflexion d'une réalité spirituelle. C'est le monde spirituel qui mène au monde physique.

Pour comprendre comment aller de l'avant tu dois savoir où tu es spirituellement. Si tu ne sais pas où tu es, tu ne sauras même pas si tu dois tourner à gauche ou à droite. Tu te trouves peut-être dans le nord ou dans le sud.

De quel côté dois-tu tourner ? Tu ne sauras dans quelle direction tourner qu'en sachant où tu es. Afin de comprendre l'état des femmes, tu dois comprendre où en sont les femmes, d'un point de vue spirituel.

La chose principale qui définit l'état spirituel des femmes est la malédiction qui a eu lieu dans le Jardin d'Éden.

Il dit à la femme : J'augmenterai la souffrance de tes grossesses, tu enfanteras avec douleur, et tes désirs se porteront vers ton mari, mais il dominera sur toi.

Genèse 3:16

Chaque femme tombe directement sous l'influence de cette malédiction. Lorsque tu étudies cette malédiction intelligemment, tu réalises qu'aucune femme n'est exemptée.

Je mettrai inimitié entre toi et la femme, entre ta postérité et sa postérité : celle-ci t'écrasera la tête, et tu lui blesseras le talon. Il dit à la femme : J'augmenterai la souffrance de tes grossesses, tu enfanteras avec douleur, et tes désirs se porteront vers ton mari, mais il dominera sur toi.

Genèse 3:15,16

Si par exemple tu vis dans un endroit qui est sujet aux tremblements de terre et aux orages sévères, tu construirais ta maison un peu différemment. Si les femmes comprenaient ces malédictions correctement, elles construiraient leur maison avec un peu plus de sagesse et, ainsi, se sauveraient.

Je mettrai inimitié entre toi et la femme ...

Genèse 3:15

Chapitre 16

Pourquoi les femmes doivent être spirituelles

Le premier élément de la malédiction est l'inimité entre la femme et le diable. La plupart d'entre nous savons que le serpent était Satan. Dans Apocalypse 12:9, Satan est décrit comme étant « le serpent ancien qui égare la terre habitée toute entière. » Ici se trouve l'explication à plusieurs des conditions que nous voyons dans le monde.

Satan est l'ennemi de tous les hommes et de quiconque qui sert le Seigneur. Cependant, le fait que l'Éternel Dieu ait particulièrement mentionné qu'il existerait une inimité entre la femme et le serpent est très important. Tu remarqueras que cela ne s'applique pas aux hommes. Si Satan est particulièrement contre toutes les femmes, cela pourrait expliquer pourquoi les femmes ont servi de cibles et ont été détruites pendant toutes ces années.

Bien que Satan soit l'ennemi de tous les hommes, il est particulièrement l'ennemi de toutes les femmes. C'est ce que la Bible nous dit. Les attaques de Satan prennent plusieurs formes. Cela devrait rendre chaque femme plus alerte.

Si le diable est particulièrement contre les femmes, que doivent faire les femmes ? Chaque femme doit prendre Dieu au sérieux. Les femmes doivent être très spirituelles et doivent connaître leur Dieu. Penses-tu que tu puisses combattre ce serpent ancien avec ta propre force ? Femme, ne te fais pas d'illusions.

Les femmes doivent être spirituelles pour leur propre bien

Chaque femme de direction doit se lever et utiliser les armes de guerre spirituelles que Dieu a placées dans ses mains par le Christ. Quelle folie pour une femme de ne pas prendre Dieu au sérieux. Quel dommage quand elles ne font que regarder en direction de leur mari et de leur mariage pour trouver de l'espoir et la survie.

Chère femme, à moins de ne recevoir l'aide de Dieu, tu ne pourras jamais vaincre le diable. Mais avec l'aide de Dieu et au nom de Jésus, tu peux donner à Satan une bonne raclée.

C'est peut-être la raison pour laquelle le diable empêche plusieurs femmes de servir le Seigneur. Plusieurs femmes réalisent que leur force de survie leur provient de Dieu. C'est pour cette raison qu'il y a plusieurs femmes qui sont spirituelles et qui gravitent vers le Seigneur.

Pourtant, pendant le mariage et lors de problèmes y étant reliés, plusieurs de ces femmes se voient empêchées de servir efficacement le Seigneur. Grâce à une excuse ou une autre, plusieurs femmes n'équivalent pas à grand chose dans la maison du Seigneur.

Mes filles, rappelez-vous que le diable sait qu'il gagnera la bataille contre vous une fois qu'il pourra vous garder spirituellement basses. Mes filles, vous êtes des cibles spéciales du diable. Ce n'est pas moi qui l'ai dit ! Dieu l'a dit ! C'est Sa Parole. Mais il y a une bonne nouvelle pour chaque femme ! Élève-toi et franchis chaque barrière qui t'empêche d'être la femme spirituelle de direction que tu es destinée d'être.

Je mettrai inimitié ... entre ta postérité et sa postérité ...
Genèse 3:15

Satan garde la femme à l'œil. Il craint et ne comprend pas ce que la postérité de la femme sera et comment elle l'affectera. Peu importe ce qu'est la postérité, elle est reliée à la femme. Si tu étais le diable, tu attaquerais la femme afin que la postérité qui est censée t'écraser la tête ne voie jamais le jour. C'est ce qui se passe dans le monde.

Il y a une attaque concertée par Satan contre tous les types de femmes. C'est pourquoi les femmes doivent être spirituelles. Les attaques sont à multiples facettes et multidimensionnelles. Les femmes semblent presque être désavantagées pour être nées dans le corps d'une femelle. Le temps que tu finisses de lire ce livre, tu ne seras plus désavantagée. Tu te surprendras à te sortir de chaque situation négative grâce à la sagesse de Dieu. Tu seras une femme de direction spirituelle !

Chapitre 17

Comprendre la postérité de la femme

Postérité naturelle et postérité spirituelle

Chaque femme produira deux types de postérité ou de fruit. La « postérité naturelle » et la « postérité spirituelle ». La « postérité naturelle » de la femme se réfère aux enfants naturels qu'elle produit. La « postérité spirituelle » se réfère au fruit spirituel et à l'impact spirituel de la vie et le ministère d'une femme. Chaque femme peut avoir un fruit spirituel.

Puisque l'ennemi sait que la postérité de la femme est ce qui écrasera la tête du serpent, il attaque constamment cette postérité.

Satan attaque la postérité naturelle

La postérité de la femme est une cible spéciale de Satan. L'ennemi ne veut pas que la femme enfante. Cela explique pourquoi la maternité est chargée de nombreux problèmes.

Satan veut empêcher un fils ou une fille de naître de vos lombes. Un examen de près de la Bible vous démontrera que plusieurs grands hommes sont nés de femmes qui étaient initialement stériles.

Sarah, la mère d'Isaac, étaient initialement stérile.

Et Saraï dit à Abram : Voici, l'Éternel m'a rendue stérile ; viens, je te prie, vers ma servante ; peut-être aurai-je par elle des enfants. Abram écouta la voix de Saraï.

Genèse 16:2

Rachel, qui est considérée la mère d'Israël, était initialement stérile.

Lorsque Rachel vit qu'elle ne donnait point d'enfants à Jacob, elle porta envie à sa sœur, et elle dit à Jacob : Donne-moi des enfants, ou je meurs !

Genèse 30:1

La mère de Samson était aussi initialement stérile.

Il y avait un homme de Tsorea, de la famille des Danites, et qui s'appelait Manoach. Sa femme était stérile, et n'enfantait pas.

Juges 13:2

La mère de Samuel est un autre exemple de quelqu'un dont la postérité était attaquée.

... Peninna avait des enfants, mais Anne n'en avait point.

1 Samuel 1:2

Élisabeth, la mère de Jean Baptiste, est un exemple de quelqu'un, dans le Nouveau Testament, dont la postérité fut bloquée pendant plusieurs années.

Ils n'avaient point d'enfants, parce qu'Élisabeth était stérile ; et ils étaient l'un et l'autre avancés en âge.

Luc 1:7

Femme de direction, quelqu'un d'important sortira de tes flancs. C'est pourquoi l'ennemi essayera de t'empêcher de te marier et d'avoir des enfants. Si tu crois à cette partie de l'Écriture, tu comprendras alors pourquoi les démons sont particulièrement intéressés à harceler les femmes.

Satan attaque également la postérité spirituelle

Les femmes sont prophétiquement destinées à avoir un impact spirituel significatif. J'ai remarqué que le rôle des femmes spirituelles a augmenté. De plus en plus de femmes font une différence au sein du ministère laïque et du ministère à temps-plein. Tu ne peux les exclure. Leur postérité a un impact significatif sur l'oeuvre du ministre.

Les femmes prêchent, chantent, enseignent et ont des visions. C'est un rôle que Dieu a taillé pour tous ceux qui se soucient des affaires spirituelles.

Les trois Marie

Lorsque Marie, la sœur de Marthe, était assise aux pieds de Jésus et écoutait sa parole, il déclara qu'elle faisait la seule chose nécessaire (Luc 10:42) !

Lorsque Marie Madeleine a vu le Christ ressuscité avant même les apôtres, l'église entière a reçu un message important. Les femmes sont précieuses pour le Seigneur ! Les femmes sont aimées du Seigneur ! Les femmes sont spéciales pour le Sauveur !

Lorsque Marie, la mère de Jésus, a reçu sa salutation d'un ange, elle a peut-être reçu la parole la plus précieuse jamais dite à une femme. Car l'ange déclara: « Je te salue, toi à qui une grâce a été faite ; le Seigneur est avec toi. Tu es bénie entre toutes les femmes ... car tu as trouvé grâce devant Dieu. » (Luc 1:28)

Ces trois Marie ont laissé une marque spirituelle indélébile qui durera à jamais. C'est pourquoi le nom de « Marie » est un des noms les plus positifs et significatifs pouvant être donnés à une femme. Leur exemple doit être suivi par toutes celles qui désirent produire une postérité spirituelle.

Une femme de direction doit s'élever dans le royaume de l'esprit et refuser d'être vaincue. Ma fille, tu ne peux pas empêcher le diable de te haïr. Il est contre ta postérité spirituelle mais, elle viendra sûrement !

Chapitre 18

Comprendre la malédiction associée à la maternité

Il dit à la femme : J'augmenterai la souffrance de tes grossesses, tu enfanteras avec douleur ...
Genèse 3:16

Ces mots que tu viens de lire ci-dessus sont la raison derrière la création des professions gynécologiques et obstétricales. En tant que docteur en médecine, j'ai toujours été étonné qu'une profession aussi importante puisse être créée en raison des organes de reproduction de la femme. Nous n'avons pas de grands départements pour soigner les intestins ou le foie. Mais nous avons des blocs énormes pour soigner les maladies associées aux organes de reproduction de la femme.

Il existe un tel besoin pour un département spécialisé en obstétriques et en gynécologie. À l'hôpital Korle-Bu à Accra, au Ghana, où j'ai été formé, il y a quatre blocs principaux ainsi qu'autant de départements plus petits. Un des blocs principaux est réservé à l'obstétrique et l'autre grand département est réservé aux enfants (bloc pédiatrique).

Tu peux donc voir qu'il y a plusieurs problèmes associés à la conception et à l'enfantement.

Le système de reproduction de la femme a reçu beaucoup d'attention à cause de cette malédiction.

Lorsque nous naissons de nouveau, nous ne sommes pas délivrés de cette malédiction. Ceci est une réalité évidente. Les femmes qui sont nées de nouveau subissent encore de la douleur et de la peine durant la maternité. Le Christ n'est pas venu pour nous libérer de la malédiction d'Adam. Tous les hommes, y compris les hommes chrétiens, gagnent encore de l'argent à la sueur de leur front. La malédiction n'a pas été levée; vous et moi travaillons encore sous la sentence.

Certaines personnes enseignent que le Christ nous a rachetés de la malédiction afin que lorsqu'elles sont en train d'accoucher, elles n'aient pas de douleurs ou de difficultés. Chère sœur, ne te fais pas d'illusions et ne détruis pas ta vie. Grâce à la sagesse de la science médicale, qui est donnée par Dieu, tu peux éviter les effets de la malédiction. Ce n'est pas une bataille spirituelle. C'est une bataille dans laquelle la sagesse joue un rôle clé.

Chère femme de direction, applique la sagesse que Dieu a mise à ta disponibilité et tu réussiras dans la vie et tu auras des enfants sans que la malédiction travaille contre toi.

Le Christ nous a rachetés de la malédiction de la loi. Il y a plusieurs malédictions dans la Bible. Il y a les malédictions d'Adam et Ève, la malédiction de Cham, la malédiction de Jéricho, la malédiction de la loi et la liste se poursuit. Jésus Christ nous a délivrés de la malédiction de la loi et non pas de la malédiction d'Adam et Ève.

Christ nous a rachetés de la malédiction de la loi, étant devenu malédiction pour nous-car il est écrit : Maudit est quiconque est pendu au bois,

Galates 3:13

La malédiction de la loi se trouve dans le Deutéronome 28 où Moise souligne les malédictions qui s'abattent sur ceux qui n'observent pas la loi.

Mais si tu n'obéis point à la voix de l'Éternel, ton Dieu, si tu n'observes pas et ne mets pas en pratique tous ses commandements et toutes ses lois que je te prescris aujourd'hui, voici toutes les malédictions qui viendront sur toi et qui seront ton partage :

Deutéronome 28:15

Veuille ne pas faire l'erreur d'assimiler la malédiction de la loi à la malédiction d'Adam et Ève. Je vais maintenant partager avec toi la clé pour surmonter cette malédiction.

Chapitre 19

Surmonter la malédiction associée à la maternité

La sagesse est la principale chose. La sagesse est ce dont nous avons besoin. La sagesse est la clé pour surmonter les situations impossibles. Chaque problème de la femme sera résolu grâce à la sagesse de Dieu.

Voici le commencement de la sagesse : Acquiers la sagesse, Et avec tout ce que tu possèdes acquiers l'intelligence. Exalte-la, et elle t'élèvera ; Elle fera ta gloire, si tu l'embrasses ;
Proverbes 4:7-8

Une fois de plus, la sagesse de Dieu est la clé pour surmonter les situations impossibles. La science médicale est une bénédiction de Dieu pour l'humanité. La connaissance médicale est une sagesse donnée par Dieu. La malédiction associée à la maternité peut être surmontée en ayant recours à la science médicale.

La science médicale est l'application de la sagesse donnée par Dieu. Dans les pays avancés, le taux de mortalité maternelle, qui est le nombre de décès de femmes enceintes, est inférieur à 0,1 pour un total de 1 000 naissances. Cela signifie qu'il est rare qu'une femme enceinte décède.

Au dix-neuvième siècle, le nombre de décès chez les femmes enceintes était alarmant ! Il était principalement causé par des choses comme la septicité (infections), l'éclampsie (hypertension artérielle chez les femmes enceintes), complications lors de l'accouchement et hémorragie (pertes excessive de sang).

Ces complications associées à la maternité sont présentes depuis un temps immémorial. Récemment, l'application de la sagesse médicale a changé l'histoire de la maternité. Cette situation s'explique essentiellement par l'amélioration de la santé et de la nutrition de la population. Elle s'explique également par le contrôle des infections, les transfusions sanguines, les progrès dans les domaines de la chirurgie, de l'anesthésie et de la réanimation.

Lorsque j'étais étudiant en obstétrique-gynécologie, mon professeur m'a dit que lorsque la pointure des chaussures portées par une femme est inférieure à 38, il est probable qu'elle éprouve des difficultés lors de l'accouchement.

Vois-tu, la pointure des chaussures donne une indication de la dimension des os iliaques. Il doit y avoir eu un grand nombre de femmes portant des chaussures de petites pointures qui ont terriblement souffert et qui sont même décédées durant l'accouchement. Mais aujourd'hui, avec l'application de la sagesse et la science moderne, les femmes doivent à peine craindre l'accouchement. C'est là le principe que je veux que tu comprennes. C'est le même principe appliqué par l'homme pauvre et sage qui a libéré la ville par la sagesse.

La malédiction d'Adam se présente comme une sentence impossible et désespérée. Chaque fois que tu es confrontée à des situations difficiles et impossibles, n'oublie jamais que la sagesse peut te délivrer.

La sagesse est la principale chose. Avec tout ce que tu possèdes, acquiers la sagesse. Elle te soutiendra et t'aidera considérablement dans ta vie. La malédiction n'est pas éviter en utilisant des méthodes spirituelles.

Chapitre 20

Comprendre la malédiction associée au mariage

.. et tes désirs se porteront vers ton mari ...
Genèse 3:16

Il s'agit d'une malédiction peu commune, mais nous la voyons tous les jours. Il n'est pas mal pour un homme de désirer une femme et pour une femme de désirer un homme. Cependant, le désir d'un mari est devenu une malédiction parce que cela faisait partie du châtiment de la femme pour avoir désobéi. À partir de ce moment, désirer un homme fit partie du châtiment de Dieu envers toutes les femmes. En d'autres termes, le désir des femmes pour un mari a revêtu une nouvelle dimension négative. Le mariage présente plusieurs frustrations aux femmes de partout dans le monde.

Ce n'est pas un secret que plusieurs femmes mariées ne sont pas heureuses. Nous pouvons tous voir les problèmes que les gens mariés doivent traverser. En Europe, les gens ne se marient tout simplement plus, ils ne font que vivre ensemble.

Il est courant que l'on prie pour des couples mariés ou qu'ils reçoivent des conseils conjugaux. Plusieurs femmes mariées sont frustrées et ont perdu leurs illusions sur le concept du mariage. Il y a plusieurs femmes qui seraient plus heureuses sans mari pour les mener.

Plusieurs nations de ce monde se sont battues afin d'obtenir l'indépendance d'un gouvernement étranger. Personne ne veut être mené et dominé par quelqu'un d'autre. La « liberté » est la raison pour laquelle plusieurs guerres ont été menées.

Les gens estiment qu'ils seraient plus heureux s'ils étaient libres de la domination de l'oppresseur. Pourtant, les femmes ne luttent pas pour devenir indépendantes des hommes mais plutôt pour se soumettre à leur domination. Miséricorde ! Il y a plusieurs femmes qui savent qu'elles seraient plus comblées si elles demeuraient célibataires. Pourtant, il existe une force invisible qui les pousse à désirer un mari. Il doit y avoir une malédiction quelque part !

Parfois les femmes sont incapables de trouver ce mari. Plutôt que de vivre une vie heureuse et comblée, elles errent dans la vie telles des voyageuses déçues et désenchantées.

... mais il dominera sur toi.

Genèse 3:16

L'Écriture montre clairement que le mari dominera sur la femme. Cela signifie que la femme sera gouvernée et dominée par l'homme. C'est également une malédiction. Le dernier vers de l'hymne national de mon pays proclame :

« *Et nous aide à résister à l'oppresseur*
Avec toujours plus de volonté et de puissance. »

Réfléchis à cela, si on enseigne à une nation entière de « résister à l'oppresseur », alors ce doit être une mauvaise chose que d'être dominé par un oppresseur. Pourtant plusieurs femmes voient des hommes oppressifs et désirent être dominées par eux. D'où vient ce désire irrésistible ? La réponse se trouve dans la malédiction prononcée dans le Jardin d'Éden.

Il y a plusieurs femmes mariées qui ont des idées sages et qui prennent de bonnes décisions. Mais elle sont gouvernées et dominées par un mari insensé. Il y a plusieurs hommes qui ne démontrent pas la sagesse d'un dirigeant, pourtant, ils occupent la place d'un gouverneur dans le mariage.

Il est très difficile de vivre avec quelqu'un qui ne se dirige pas vers la bonne direction. Il est pénible de suivre un leader qui n'est pas raisonnable. Pourtant, c'est là le sort de plusieurs femmes. Cela est également une malédiction !

Accepter qu'il y a une malédiction est un premier pas vers la victoire. Comprendre comment cette malédiction se déroule est la clé pour atteindre la victoire. Apprenons comment surmonter cette malédiction.

Chapitre 21

Surmonter la malédiction associée au mariage

Comment une femme sort-elle de cet état de choses apparemment sans espoir ? Par la sagesse ! Il est possible de surmonter le désir d'un mari en mettant en pratique la sagesse de la parole de Dieu.

Lorsqu'une femme de direction met en pratique la sagesse de Dieu, elle percevra le mariage dans le bon contexte. Je veux que tu vois et comprennes ce que le mariage peut et ne peut pas faire pour toi.

Tu auras le désir aveugle d'un mari alors que tu ne comprends pas ce que Dieu essaie de faire pour toi. Tu peux être célibataire et très heureuse. Toute femme mariée ou non doit bien comprendre ceci. Ce message ne s'adresse pas aux gens seuls. C'est un message pour les femmes de direction. Une femme doit se demander : « Quel est mon but dans la vie ? »

Le but d'une femme

Dieu a ordonné de grandes œuvres pour chaque femme. Lorsqu'une femme célibataire découvre que son but premier est d'accomplir la volonté de Dieu, elle sera satisfaite.

Lorsqu'une femme mariée découvre que son but premier dans sa vie est de faire la volonté du Père, elle deviendra une femme comblée.

> **Car nous sommes son ouvrage, ayant été créés en Jésus Christ pour de bonnes œuvres, que Dieu a préparées d'avance, afin que nous les pratiquions.**
>
> **Éphésiens 2:10**

Ne recherche le bonheur dans un homme

Si tu te tournes vers ton mari (même un mari chrétien) pour trouver l'épanouissement, tu ne seras pas une personne heureuse. Si tu te tournes vers Dieu pour trouver l'épanouissement, tu seras satisfaite. Plusieurs femmes mariées, qui ont découvert ce concept, ne se tournent plus vers leur mari pour trouver l'épanouissement

J'ai parlé avec de nombreuses femmes célibataires ou mariées. Le secret du bonheur dans les deux cas était le même. Sois au service du Seigneur, donne-toi à Dieu, vis pour lui et marche ainsi vers l'épanouissement.

Recherche le bonheur en Dieu

T'es-tu déjà demandé pourquoi Jésus n'a jamais considéré se marier ? Le mariage est un accord qui ajoute une autre dimension à la vie sur cette terre. Jésus n'a pas eu besoin de cette dimension pour être comblé. Jésus n'a pas eu besoin d'être marié afin de vivre une vie heureuse. Jésus a donné le secret de son bonheur sur la terre.

> **Jésus leur dit : Ma nourriture est de faire la volonté de celui qui m'a envoyé, et d'accomplir son œuvre.**
>
> **Jean 4:34**

Tout le monde apprécie la nourriture. Jésus a indiqué que son plaisir lui venait de faire et d'accomplir la volonté de Dieu. Soyons réalistes ! Combien de temps vivras-tu sur cette Terre ? Combien d'années te reste-t-il avant que tu ne quittes cette Terre ? Lorsque nous arriverons au paradis, il n'y aura ni maris, ni femmes.

Car, à la résurrection, les hommes ne prendront point de femmes, ni les femmes de maris, mais ils seront comme les anges de Dieu dans le ciel.
Matthieu 22:30

Est-ce que le fait d'avoir un mari affectera votre bonheur futur au paradis ? Lorsqu'une femme se concentre sur le but véritable de sa vie, elle devient une personne heureuse.

L'histoire de Kathryn Khulman illustre ce principe. Lorsque Kathryn Khulman a fui son mariage controversé qui lui avait apporté beaucoup de douleur et de déception, elle fut capable de se concentrer sur son ministère.

En se concentrant sur son ministère, en tant que femme divorcée et célibataire, elle a accompli ce que plusieurs hommes n'ont pas été capables de faire. Je crois qu'elle est dans la gloire aujourd'hui. Penses-tu que le fait qu'elle soit mariée ou non a de l'importance maintenant ?

Les maris peuvent étouffer votre appel

Plusieurs femmes ne peuvent remplir leur ministère à cause de leur mari. Un jour, elles devront rendre compte de leur ministère qui ne s'est jamais matérialisé. Je connais des pasteures qui se sont même vu interdire par leur mari d'aller à l'église.

Plusieurs maris ne sont pas confortables de voir leur femme être si active au sein du ministère. Les femmes mariées semblent être élevées socialement par leur état matrimonial. Mais un jour, ce sont les femmes qui ont rempli leur ministère qui seront fières et joyeuses au paradis.

J'ai combattu le bon combat, j'ai achevé la course, j'ai gardé la foi. Désormais la couronne de justice m'est réservée ...
2 Timothée 4:7,8

Cette couronne est réservée aux femmes de direction. Les femmes de direction mènent une bonne lutte et terminent leur cours. Cette couronne n'est pas réservée aux femmes parce qu'elles ont un mari ! Cette couronne n'est pas donnée aux femmes parce qu'elles ont des enfants ! Elle est réservée aux femmes qui ont gardé leur foi !

Ton mariage te permet-il de garder la foi ? Ton mariage te permet-il d'être une chrétienne ? Ton mariage te permet-il d'être dans le ministère, comme tu l'aimerais ? Ton mariage te permet-il de lutter et de terminer ta course ? Termineras-tu ta course du ministère ?

Sors de la malédiction en renouvelant ton esprit. Fixe tes yeux sur les choses ci-dessus. Femmes de direction, aucun homme (même un chrétien) ne peut vous donner l'épanouissement dont je parle. À partir d'aujourd'hui, permet à cet esprit d'être en toi. La malédiction de désirer un homme pour te dominer disparaîtra au nom de Jésus.

Une fois cette sagesse en toi, tu seras un genre de femme différent. C'est uniquement en renouvelant ton esprit que tu surmonteras la malédiction !

Chapitre 22

Ma fille, tu as des yeux délicats

Léa avait les yeux délicats ; mais Rachel était belle de taille et belle de figure.

Genèse 29:17

Mise à part leur beauté extérieure saisissante, les femmes ont été dotées de plusieurs autres atouts. Tout n'est pas que beauté physique, c'est aussi au sujet de la délicatesse des yeux.

Dieu a doté chaque femme de la beauté ou d'yeux délicats. Dieu a conçu certaines femmes pour qu'elles soient des êtres tendres. Personne ne veut marier un poteau de bois. Un homme recherche quelque chose de chaleureux et amical.

Ma fille, tu es dotée de plusieurs autres dons. Demande à n'importe quel homme marié. « La beauté est vaine » te diront-ils. Plusieurs autres choses rendent les gens heureux. Décide d'apprendre les choses qui te rendront attractives.

Parce que je suis un pasteur, j'ai assisté à plusieurs mariages. Évidemment, ce n'est pas toujours la plus belle femme qui se marie tous les samedis ! Il y a plusieurs jolies filles qui sont assises sur le banc d'église et qui attendent leur tour. Si elles n'étaient que beauté, elles seraient toutes mariées !

Dieu te donne peut-être la beauté ou il peut simplement te donner des yeux délicats. Très certainement, il te donnera quelque chose. Ma fille, tu dois avoir quelque chose. Utilise ce que tu as !

Différentes sortes d'yeux délicats

Les yeux délicats prennent plusieurs formes différentes. Rachel était belle mais Léa avait des yeux délicats. Peut-être que tes yeux délicats se présenteront sous la forme d'une disposition amicale. Peut-être que tes yeux délicats se présenteront comme le don de cuisiner et de faire des travaux ménagers. Peut-être que tes yeux délicats se présenteront sous la forme d'énergie sexuelle enchanteresse. Ou encore, tes yeux délicats peuvent prendre la forme de donner tes idées sur l'aspect financier du mariage.

Tes yeux délicats peuvent également prendre la forme d'une personnalité sanguine et excitante. Tes yeux délicats peuvent prendre la forme d'un tempérament calme et flegmatique. Ou encore, tes yeux délicats peuvent se présenter sous la forme d'une personnalité forte et colérique d'une leader. D'un autre côté, ta netteté mélancolique et ta nature loyale sont peut-être les yeux délicats que Dieu t'a donnés !

Ma fille, tu as des yeux délicats. Dieu t'a donné quelque chose. Ne t'apitoie pas sur toi-même. Tu as des yeux délicats. Utilise-les et sois bénie !

Chapitre 23

Ma fille, Dieu te donnera un mari

Oncle Laban avait deux filles ; les deux étaient prêtes à se marier. Lorsque Jacob arriva en ville, il fut immédiatement attiré par la plus jeune, Rachel. Mais Dieu s'assura que Léa fut mariée avant que Rachel ne le soit.

> **Le soir, il prit Léa, sa fille, et l'amena vers Jacob, qui s'approcha d'elle. Et Laban donna pour servante à Léa, sa fille, Zilpa, sa servante. Le lendemain matin, voilà que c'était Léa. Alors Jacob dit à Laban : Qu'est-ce que tu m'as fait ? N'est-ce pas pour Rachel que j'ai servi chez toi ? Pourquoi m'as-tu trompé ? Laban dit : Ce n'est point la coutume dans ce lieu de donner la cadette avant l'aînée.**
>
> **Genèse 29:23-26**

Personne ne t'a demandée en mariage ?

Ma sœur, peut-être que personne ne t'a demandée en mariage. Tu es dans la même situation que Léa. Alors que d'autres personnes reçoivent des demandes en mariage, on semble t'avoir oubliée. Mais le Seigneur s'occupe de ton cas.

Dieu a un plan pour toi. Tout comme Dieu a donné un mari à Léa, Dieu te donnera un mari !

Léa s'est mariée avant les autres soi-disant belles filles. Je te vois te marier avant plusieurs autres. Le mariage est une chose spirituelle. C'est Dieu qui ouvre et ferme les portes du mariage.

Le soir, il prit Léa, sa fille, et l'amena vers Jacob, qui s'approcha d'elle. Et Laban donna pour servante à Léa, sa fille, Zilpa, sa servante. Le lendemain matin, voilà que c'était Léa. Alors Jacob dit à Laban : Qu'est-ce que tu m'as fait ? N'est-ce pas pour Rachel que j'ai servi chez toi ? Pourquoi m'as-tu trompé ?

Genèse 29:23-25

Il y a une porte du mariage. Lorsqu'elle t'est ouverte, personne ne peut la fermer ! Dieu avait déterminé que Léa devait se marier. Il avait même déterminé que Léa devait se marier avant Rachel. Personne ne pouvait changer cette bénédiction. Chère fille, si Dieu a ouvert la porte du mariage, personne ne peut rien y faire.

Rachel, selon l'opinion populaire, était plus belle que sa sœur et pourtant, elle ne s'est pas mariée avant sa sœur. Chère fille, tu ne vas pas te marier à cause d'une raison naturelle. Tu te marieras parce que Dieu tient une porte ouverte pour toi. Crois-y et reçois-le au nom de Jésus.

Chapitre 24

Ma fille, Dieu te donnera un enfant

> L'Éternel vit que Léa n'était pas aimée ; et il la rendit féconde, tandis que Rachel était stérile.
> **Genèse 29:31**

Ma chère amie, as-tu déjà regardé une partie de football sans savoir vraiment qui jouait ? Après avoir regardé pendant un moment, tu as commencé à remarquer l'équipe qui était en train de perdre. La plupart du temps, nous avons instinctivement tendance à supporter l'équipe perdante. Comme on dit « Les gens supportent les perdants. »

Ce support que tu as pour les perdants est un instinct donné par Dieu de supporter les défavorisés.

Aujourd'hui, si tu te trouves dans une situation défavorisée, sache que Dieu est de ton côté. Femme, le Seigneur t'aide en ce moment même. Tu sembles peut-être défavorisée, mais c'est ce qui provoque Dieu.

La Bible dit très clairement que lorsque Dieu vit que Léa n'était pas aimée, il a compensé en lui montrant des faveurs divines.

L'Éternel vit que Léa n'était pas aimée ; et il la rendit féconde, tandis que Rachel était stérile.

Genèse 29:31

Dieu la rendit féconde et lui donna des enfants. Soudainement, Léa fut la personne favorisée. Elle était la seule qui pouvait avoir des enfants dans sa famille.

Chère sœur, tu n'es peut-être pas Miss Ghana ou Miss Univers. C'est la raison pour laquelle Jésus te donne une faveur additionnelle. Aujourd'hui, alors que tu tiens ce livre, rappelle-toi ces mots : LA FAVEUR DE DIEU EST SUR TA VIE ! Il va changer tes malchances. Tu ne dois pas te décourager. Ma fille, tu as des yeux délicats. Ma fille, tu auras certainement un enfant.

Chapitre 25

Ma fille, continue à servir le Seigneur

Elle devint encore enceinte, et enfanta un fils, et elle dit : Cette fois, je louerai l'Éternel. C'est pourquoi elle lui donna le nom de Juda. Et elle cessa d'enfanter.

Genèse 29:35

Une fille aux yeux délicats est quelqu'un qui continue à servir le Seigneur, même après que Dieu l'ait bénie et élevée. Léa a eu plusieurs enfants. Plusieurs personnes cessent de servir le Seigneur lorsqu'elles ont des enfants.

Léa donna naissance à Ruben, Siméon, Lévi et puis Juda. À l'heure qu'il est, plusieurs femmes chrétiennes se seraient retirées des activités chrétiennes. Mais ce ne fut pas le cas pour Léa. Elle dit : « Je vais maintenant louer le Seigneur. » Ma fille, c'est là un bon exemple à suivre. Tu dois servir le Seigneur de ton tout cœur.

Les enfants ne sont que des bienfaits du Seigneur. Ma belle-mère dit que « Les enfants sont des invités dans la maison. Ils partiront bientôt. » Si toute ta vie repose uniquement sur tes enfants, tu seras déçappointée.

Léa était déterminée à servir le Seigneur en dépit de ses nombreux enfants.

L'Éternel vit que Léa n'était pas aimée ; et il la rendit féconde, tandis que Rachel était stérile. Léa devint enceinte, et enfanta un fils, à qui elle donna le nom de Ruben ; car elle dit : L'Éternel a vu mon humiliation, et maintenant mon mari m'aimera. Elle devint encore enceinte, et enfanta un fils, et elle dit : L'Éternel a entendu que je n'étais pas aimée, et il m'a aussi accordé celui-ci. Et elle lui donna le nom de Siméon. Elle devint encore enceinte, et enfanta un fils, et elle dit : Pour cette fois, mon mari s'attachera à moi ; car je lui ai enfanté trois fils. C'est pourquoi on lui donna le nom de Lévi. Elle devint encore enceinte, et enfanta un fils, et elle dit : Cette fois, je louerai l'Éternel. C'est pourquoi elle lui donna le nom de Juda. Et elle cessa d'enfanter.
Genèse 29:31-35

Au beau milieu du désappointement initial de Léa, elle a reçu quatre miracles significatifs. La première bénédiction fut Ruben.

« Ruben » signifie « aperçu ». Elle disait à tous : « Voyez, je suis bénie. » Elle montrait à tous que Dieu l'avait bénie de d'autres façons. Compte les bienfaits dans ta vie. Tu n'es peut-être pas mariée mais tu es bénie de plusieurs autres façons.

Tu dois également dire : « Ruben » ce qui signifie « aperçu ». Aperçois mon bon travail. Aperçois mes gentils frères et sœurs. Aperçois ma belle voiture. Il y a plusieurs choses à regarder.

Après tout, Léa avait un autre fils nommé Siméon. « Siméon » signifie « supporté ». En d'autres mots, « Dieu me soutient ». Elle disait à tout le monde qu'elle pouvait voir la main continue de Dieu dans ses affaires.

Ma fille aux yeux délicats, tu n'as peut-être pas certaines choses dans cette vie. Aujourd'hui, je veux que tu voies que Dieu te soutient. Il travaille dans ta vie malgré ce qui te manque. Tu peux aussi avoir un Siméon et dire : « Dieu me soutient. »

Puis Léa a eu un troisième enfant et l'a appelé Lévi.

Lévi signifie joint. Léa était, à ce moment, convaincue que Dieu faisait partie ne permanence de ces affaires. Dieu s'était joint à sa vie.

Elle ne pouvait que dire merci au Seigneur pour ce troisième bienfait. En nommant son enfant Lévi, elle disait à tous que Dieu faisait partie de sa vie en permanence. Femme de direction, comptes-tu au moins trois bienfaits dans ta vie ? Les choses ne sont peut-être pas aussi parfaites que tu le désires. Mais compte tes bienfaits et nomme-les les unes après les autres : les bienfaits de la vie, les bienfaits de l'éducation, les bienfaits de la santé, des parents, de la promotion et la liste se prolonge.

Femme de direction, si tu as au moins trois bienfaits dans ta vie, tu peux également dire « Lévi ». Ce qui signifie que Dieu s'est joint à ta vie.

Finalement, Léa a eu un quatrième enfant et elle l'a appelé Juda.

« Juda » signifie « loué ». En nommant son enfant Juda, elle envoyait un message à la communauté entière. Elle disait : « Je suis une femme heureuse. » Je ne suis peut-être pas la personne la plus belle. Je ne suis peut-être pas le premier choix de Jacob. Mais je peux louer le Seigneur aujourd'hui.

Ma fille aux yeux délicats, il y a un miracle dans ta maison. Il y a un bienfait dans ta maison. Tu peux certainement dire : « Voyez que Dieu m'a bénie. » Tu peux certainement dire : « Dieu me soutient. » Tu dois être capable de dire que : « Dieu s'est joint à ma vie. » Finalement, tu dois être capable de dire : « Louez le Seigneur. »

Ma fille, tu as des yeux délicats.

Chapitre 26

Ma fille, ne sois pas lasse d'accomplir ton devoir

Léa voyant qu'elle avait cessé d'enfanter, prit Zilpa, sa servante, et la donna pour femme à Jacob.
Genèse 30:9

Léa donna une autre femme à Jacob. Elle dit à sa servante : « Va dans sa chambre et couche avec lui. » Zilpa était très disposée à avoir l'opportunité de remplacer sa maîtresse.

Quelqu'un peut questionner cette pratique étrange. Toutefois, elle se poursuit de d'autres façons aujourd'hui.

Plusieurs femmes accueillent un tiers dans leur foyer par leur caractère et leur attitude. La Bible enseigne qu'il est mieux d'habiter sur le toit que dans une grande maison avec une femme féroce.

Mieux vaut habiter à l'angle d'un toit, Que de partager la demeure d'une femme querelleuse.

Proverbes 21:9

Il y a également plusieurs femmes qui ne sont pas intéressées au bonheur sexuel dans un contexte chrétien. Ce faisant, elles ouvrent la porte aux nombreuses autres femmes qui sont plus que disposées à être une remplaçante. Ma fille, tu ne peux pas dire ouvertement : « Je veux qu'une autre femme soit avec mon mari » , mais avec ton attitude et tes accusations incessantes, tu dis la même chose.

Reconquiers l'attention de ton mari

Ruben sortit au temps de la moisson des blés, et trouva des mandragores dans les champs. Il les apporta à Léa, sa mère. Alors Rachel dit à Léa : Donne moi, je te prie, des mandragores de ton fils. Elle lui répondit : Est-ce peu que tu aies pris mon mari, pour que tu prennes aussi les mandragores de mon fils ? Et Rachel dit : Eh bien ! il couchera avec toi cette nuit pour les mandragores de ton fils. Le soir, comme Jacob revenait des champs, Léa sortit à sa rencontre, et dit : C'est vers moi que tu viendras, car je t'ai acheté pour les mandragores de mon fils. Et il coucha avec elle cette nuit.

Genèse 30:14-16

Plusieurs années après que Léa ait eu ses enfants, son mari n'avait plus d'intérêt pour elle. C'est là une expérience commune dans plusieurs mariages. Mais il est possible de reconquérir l'attention de ton mari.

Femme, tu es belle. Femme, tu as des yeux délicats. Ma fille, il fut un temps où tu enchantais ton homme. Ce que tu faisais en ce temps-là, tu peux à nouveau le faire. Ne pense pas avoir perdu la capacité d'être une femme parce que tu es plus âgée. Ne pense pas que tu n'es dorénavant plus belle. Ne pense pas que tes yeux ne sont plus délicats. En fait, avec le passage de nombreuses années, tes yeux délicats peuvent être encore plus tendres.

Léa a reconquis l'attention de son mari en utilisant les mandragores de son fils. Elle était une femme déterminée et rien n'allait l'empêcher de reconquérir l'attention de son mari. Femme, j'ai de bonnes nouvelles pour toi. Aucune fille plus jeune ne peut te remplacer. Ton âge et ton expérience font de toi une personne plus convenable pour ton mari. Les changements survenus à tes caractéristiques physiques au cours des années ont seulement fait de toi une épouse plus convenable.

Élève-toi à la place qui te revient et ne permets pas à une jeune blanc-bec de t'intimider. Prends ta place ! Paie le prix ! Cesse d'accuser, cesse de critiquer et cesse de t'opposer. Sois chaleureuse, énergétique, jeune et intéressante ! Ton mari sera à jamais charmé par ton amour !

Soutiens ton mari

Il leur dit : Je vois, au visage de votre père, qu'il n'est plus envers moi comme auparavant ; mais le Dieu de mon père a été avec moi. Vous savez vous-mêmes que j'ai servi votre père de tout mon pouvoir. Quand il disait :

Les tachetés seront ton salaire, toutes les brebis faisaient des petits tachetés. Et quand il disait : Les rayés seront ton salaire, toutes les brebis faisaient des petits rayés. Dieu a pris à votre père son troupeau, et me l'a donné. Au temps où les brebis entraient en chaleur, je levai les

yeux, et je vis en songe que les boucs qui couvraient les brebis étaient rayés, tachetés et marquetés.

Rachel et Léa répondirent, et lui dirent : Avons-nous encore une part et un héritage dans la maison de notre père ? Ne sommes-nous pas regardées par lui comme des étrangères, puisqu'il nous a vendues, et qu'il a mangé notre argent ?

Toute la richesse que Dieu a ôtée à notre père appartient à nous et à nos enfants. Fais maintenant tout ce que Dieu t'a dit.

Genèse 31:5-10,14-16

Un jour, il y a eu une crise dans la vie de Jacob et il a dû fuir de chez son oncle. Il ne pouvait dorénavant plus travailler pour l'entreprise de son oncle. Quand vint le moment de partir, il parla à ses femmes de sa nouvelle vision de déménager. Ses femmes le supportèrent. Une femme de direction soutient son mari lorsqu'il a une nouvelle vision.

Ma fille, essaie de ne pas être la plus grande adversaire de ton mari. Il est vrai que tu es la meilleure personne pour le corriger lorsqu'il a tort. Cela ne veut pas dire que tu dois perdre ta position divine en tant que celle qui supporte et encourage son mari.

Tu dois apprendre à balancer ton rôle de correctrice et ton rôle de partisane. Lorsqu'il est temps de mettre ton mari au pas, tu dois certainement le faire ! Lorsqu'il est temps de le supporter, tu dois également le faire à fond.

Certaines épouses corrigent constamment leur mari à un point tel qu'elles ne voient plus rien de bon en lui. Elles ne peuvent plus recevoir ou être menées par lui.

Léa a vécu avec son mari pendant plusieurs années, mais lorsqu'il lui vient une nouvelle idée, elle lui dit : « Quoi que ce soit que le Seigneur te dise, veuille le faire. Nous sommes derrière toi. »

Ma fille, tu as des yeux délicats. Recherche la sagesse de Dieu et il t'aidera à faire quoi que ce soit que tu as à faire !

Ma fille, tu as des yeux délicats !

Chapitre 27

Tout sur *l'Abigaïlisme*

Il y avait à Maon un homme fort riche, possédant des biens à Carmel ; il avait trois mille brebis et mille chèvres, et il se trouvait à Carmel pour la tonte de ses brebis. Le nom de cet homme était Nabal, et sa femme s'appelait Abigaïl ; c'était une femme de bon sens et belle de figure, mais l'homme était dur et méchant dans ses actions. Il descendait de Caleb.

1 Samuel 25:2,3

Abigaïl était une belle femme qui était connue pour le rôle qu'elle jouait à contrôler les bêtises de son mari. « L'Abigaïlisme » est l'art de pratiquer ce qu'Abigaïl a fait afin d'empêcher une tragédie d'atteindre la famille.

Le mari d'Abigaïl était un homme nommé Nabal. Nabal vient du mot hébreu « *qasheh* » qui signifie « bêtise ou rudesse ». Il est traduit par différents mots dans différentes parties de la Bible.

Certains d'entre eux sont : grossier, dure, cruel, guindé, entêté, dangereux, obstiné, problématique, dur de cœur et impudent.

Plusieurs femmes mariées ont des maris qui correspondent à cette description. Une femme de direction doit faire appel à la sagesse afin de coexister en paix. Elle doit utiliser l'art *d'Abigaïlisme* afin d'avoir un mariage réussi et le combiner à une bonne relation avec Dieu.

L'Abigaïlisme comporte six objectifs. Une femme sans Abigaïlisme atteint habituellement un ou deux de ces objectifs. Lorsque tu développes l'art de *l'Abigaïlisme*, tu seras capable d'atteindre les six objectifs simultanément.

Chapitre 28

Les six objectifs de *l'Abigaïlisme*

1. Empêcher ton mari de faire du mal ou de commettre un péché.
2. Empêcher la destruction de ta famille entière.
3. Préserver ton mariage.
4. Préserver ta relation avec Dieu et l'église.
5. Préserver ton ministère.
6. Empêcher une confrontation entre ton mari et l'église.

David apprit au désert que Nabal tondait ses brebis. Il envoya vers lui dix jeunes gens, auxquels il dit : Montez à Carmel, et allez auprès de Nabal. Vous le saluerez en mon nom, et vous lui parlerez ainsi : Pour la vie soit en paix, et que la paix soit avec ta maison et tout ce qui t'appartient ! Et maintenant, j'ai appris que tu as les tondeurs. Or tes bergers ont été avec nous ; nous ne leur avons fait aucun outrage, et rien ne leur a été enlevé pendant tout le temps qu'ils ont été à Carmel. Demande-le à

tes serviteurs, et ils te le diront. Que ces jeunes gens trouvent donc grâce à tes yeux, puisque nous venons dans un jour de joie. Donne donc, je te prie, à tes serviteurs et à ton fils David ce qui se trouvera sous ta main.

Lorsque les gens de David furent arrivés, ils répétèrent à Nabal toutes ces paroles, au nom de David. Puis ils se turent. Nabal répondit aux serviteurs de David : Qui est David, et qui est le fils d'Isaï ? Il y a aujourd'hui beaucoup de serviteurs qui s'échappent d'auprès de leurs maîtres. Et je prendrais mon pain, mon eau, et mon bétail que j'ai tué pour mes tondeurs, et je les donnerais à des gens qui sont je ne sais d'où ?

Les gens de David rebroussèrent chemin ; ils s'en retournèrent, et redirent, à leur arrivée, toutes ces paroles à David. Alors David dit à ses gens : Que chacun de vous ceigne son épée ! Et ils ceignirent chacun leur épée. David aussi ceignit son épée, et environ quatre cents hommes montèrent à sa suite. Il en resta deux cents près des bagages.

Un des serviteurs de Nabal vint dire à Abigaïl, femme de Nabal : Voici, David a envoyé du désert des messagers pour saluer notre maître, qui les a rudoyés. Et pourtant ces gens ont été très bons pour nous ; ils ne nous ont fait aucun outrage, et rien ne nous a été enlevé, tout le temps que nous avons été avec eux lorsque nous étions dans les champs. Ils nous ont nuit et jour servi de muraille, tout le temps que nous avons été avec eux, faisant paître les troupeaux. Sache maintenant et vois ce que tu as à faire, car la perte de notre maître et de toute sa maison est résolue, et il est si méchant qu'on ose lui parler.

Abigaïl prit aussitôt deux cents pains, deux outres de vin, cinq pièces de bétail apprêtées, cinq mesures de grain rôti, cent masses de raisins secs, et deux cents de figues sèches. Elle les mit sur des ânes, et elle dit à ses serviteurs : Passez devant moi, je vais vous suivre. Elle ne dit rien à Nabal, son mari.

Montée sur un âne, elle descendit la montagne par un chemin couvert ; et voici, David et ses gens descendaient en face d'elle, en sorte qu'elle les rencontra. David avait dit : C'est bien en vain que j'ai gardé tout ce que cet homme a dans le désert, et que rien n'a été enlevé de tout ce qu'il possède ; il m'a rendu le mal pour le bien. Que Dieu traite son serviteur David dans toute sa rigueur, si je laisse subsister jusqu'à la lumière du matin qui que ce soit de tout ce qui appartient à Nabal !

Lorsque Abigaïl aperçut David, elle descendit rapidement de l'âne, tomba sur sa face en présence de David, et se prosterna contre terre. Puis, se jetant à ses pieds, elle dit : A moi la faute, mon seigneur ! Permets à ta servante de parler à tes oreilles, et écoute les paroles de ta servante. Que mon seigneur ne prenne pas garde à ce méchant homme, à Nabal, car il est comme son nom ; Nabal est son nom, et il y a chez lui de la folie. Et moi, ta servante, je n'ai pas vu les gens que mon seigneur a envoyés.

Maintenant, mon seigneur, aussi vrai que l'ÉTERNEL est vivant et que ton âme est vivante, c'est l'ÉTERNEL qui t'a empêché de répandre le sang et qui a retenu ta main. Que tes ennemis, que ceux qui veulent du mal à mon seigneur soient comme Nabal !

Accepte ce présent que ta servante apporte à mon seigneur, et qu'il soit distribué aux gens qui marchent à la suite de mon seigneur. Pardonne, je te prie, la faute de ta servante, car l'ÉTERNEL fera à mon seigneur une maison stable ; pardonne, car mon seigneur soutient les guerres de l'ÉTERNEL, et la méchanceté ne se trouvera jamais en toi. S'il s'élève quelqu'un qui te poursuive et qui en veuille à ta vie, l'âme de mon seigneur sera liée dans le faisceau des vivants auprès de l'ÉTERNEL, ton Dieu, et Il lancera du creux de la fronde l'âme de tes ennemis.

Lorsque l'ÉTERNEL aura fait à mon seigneur tout le bien qu'il t'a annoncé, et qu'il t'aura établi chef sur Israël, mon seigneur n'aura ni remords ni souffrance de cœur pour avoir répandu le sang inutilement et pour s'être vengé lui-même. **Et lorsque l'ÉTERNEL aura fait du bien à mon seigneur, souviens-toi de ta servante.**

David dit à Abigaïl : Béni soit l'ÉTERNEL, le Dieu d'Israël, qui t'a envoyée aujourd'hui à ma rencontre ! Béni soit ton bon sens, et bénie sois-tu, toi qui m'as empêché en ce jour de répandre le sang, et qui as retenu ma main !

1 Samuel 25:4-33

Dans ce passage, on voit Abigaïl tenter de préserver à la fois son mari et sa relation avec le serviteur de Dieu. Il est clair que son mari faisait quelque chose de mal. Tu n'as pas besoin d'être très intelligente pour réaliser que son mari était sans cœur et insensible aux affaires de Dieu.

Pourtant, elle lui était mariée et il n'était pas question qu'ils se séparent. Ce n'était pas la volonté de Dieu qu'elle se sépare !

Une fille de la destinée veut préserver son mariage. Une femme de direction veut également préserver son ministère. Sa relation avec Dieu est très importante et elle n'est pas prête à y renoncer pour quoi que ce soit. Comment balances-tu ces deux choses lorsque tu es mariée à un chrétien charnel ou à un infidèle ?

En lisant ces quelques lignes, imbibe-toi de la sagesse provenant d'en haut et apprends la stratégie qu'Abigaïl a adopté pour le ministère.

La Bible dit qu'il n'y a rien de nouveau sous le soleil. Les types de maris qui existaient dans le passé sont les mêmes types de maris que l'on retrouve aujourd'hui.

Les six objectifs de l'Abigaïlisme

La rudesse est aussi prévalente aujourd'hui qu'elle ne l'était dans le temps d'Abigaïl. C'est pourquoi chaque femme a aujourd'hui besoin de l'art de *l'Abigaïlisme*. C'est une autre raison pourquoi plusieurs femmes ont besoin de l'art de *l'Abigaïlisme*. C'est parce que les femmes sont plus sensibles aux affaires de Dieu. Elles remarquent souvent le déplacement de l'Esprit avant que les hommes ne le fassent.

Abigaïl avait entendu dire que Samuel avait oint David. Elle accepta immédiatement qu'il allait être le prochain roi.

Lorsque l'Éternel aura fait à mon seigneur tout le bien qu'il t'a annoncé, et qu'il t'aura établi chef sur Israël, mon seigneur n'aura ni remords ni souffrance de cœur pour avoir répandu le sang inutilement et pour s'être vengé lui-même. Et lorsque l'Éternel aura fait du bien à mon seigneur, souviens-toi de ta servante.

1 Samuel 25:30,31

Il y a peut-être plusieurs autres personnes qui avaient entendu parler de l'onction de David. Manifestement, Nabal n'a pas cru à de telles absurdités. Il avait décidé de supprimer tous les jeunes hommes insensés. Il décrit David comme étant un rebel. Il le désigna comme étant un jeune, inculte, autoproclamé pasteur qui courait après les femmes des autres. Il ne permettait à aucun membre de sa famille de fréquenter une église étant plus jeune que lui. Cela te semble-t-il familier ?

Nabal répondit aux serviteurs de David : Qui est David, et qui est le fils d'Isaï ? Il y a aujourd'hui beaucoup de serviteurs qui s'échappent d'auprès de leurs maîtres. Et je prendrais mon pain, mon eau, et mon bétail que j'ai tué pour mes tondeurs, et je les donnerais à des gens qui sont je ne sais d'où ?

Les gens de David rebroussèrent chemin ; ils s'en retournèrent, et redirent, à leur arrivée, toutes ces paroles à David.

1 Samuel 25:10-12

Qu'a fait Abigaïl exactement ? Revoyons cela étape par étape.

Chapitre 29

Étapes vers *l'Abigaïlisme*

Dans le monde de la science médicale, lorsque tu es capable d'établir le diagnostic de la maladie, tu as souvent beaucoup plus de chances de la guérir. Si tu n'es pas capable de mettre le doigt sur le problème exact, il est souvent difficile de le résoudre. Tu te poseras la question suivante : « Lequel parmi ce millier de médicaments devrais-je prescrire au patient ? » Tu es toujours très loin du problème lorsque tu ne l'as pas encore identifié.

1. **La première étape pour résoudre plusieurs problèmes est le diagnostic.**

Abigaïl a d'abord reconnu sincèrement qu'elle était mariée à une personnalité grossière. Reconnaître que ton mari a le caractère et les tendances de Nabal est la première étape dans l'art de *l'Abigaïlisme*.

> **Que mon seigneur ne prenne pas garde à ce méchant homme, à Nabal, car il est comme son nom ; Nabal est son nom, et il y a chez lui de la folie. Et moi, ta servante, je n'ai pas vu les gens que mon seigneur a envoyés.**
>
> **1 Samuel 25:25 25**

2. **La seconde étape est de cesser de prétendre que le problème n'existe pas.**

Plusieurs personnes pratiquent ce que l'on appelle le refus. Elles prétendent que le problème n'existe pas. Ils disent que noir est blanc et que blanc est noir. Ma fille, prétendre qu'un problème n'existe pas ne le fait pas disparaître. Dire qu'une chose blanche est noire n'en fait pas une chose noire.

Malheur à ceux qui appellent le mal bien, et le bien mal, Qui changent les ténèbres en lumière, et la lumière en ténèbres, Qui changent l'amertume en douceur, et la douceur en amertume !

Esaïe 5:20

Il y a plusieurs femmes qui veulent cacher leurs problèmes. Elles ont l'impression d'avoir été déshonorées par leur mari. Il y existe un équilibre fragile entre dénigrer ton mariage, humilier ton mari et parler franchement au sujet d'un problème qui existe. Dénigrer ton mari signifie ternir sa réputation. Cela est mal et une femme de direction ne fait pas cela !

Une fille de la destinée n'est pas secrète à un point tel que personne de peut l'aider. Un certain degré d'ouverture te permet d'être aidée. Chère femme, les problèmes que tu as ne sont pas nouveaux. Lis la Bible et tu réaliseras que les problèmes que tu as ne sont pas étranges. Il n'est pas mal de parler de tes problèmes si tu le fais dans un contexte approprié et pour la bonne raison.

3. **La troisième étape de *l'Abigaïlisme* est de demander de l'aide.**

Puis, se jetant à ses pieds, elle dit : À moi la faute, mon seigneur ! Permets à ta servante de parler à tes oreilles, et écoute les paroles de ta servante.

1 Samuel 25:24

Beaucoup de gens ont besoin d'aide mais ce n'est pas tout le monde qui veut de l'aide. Mon expérience dans le ministère m'a enseigné d'offrir de l'aide à ceux qui en font la demande et non pas seulement à ceux qui en ont besoin. Il y a de nombreux besoins partout. Si tu tentes d'aider des gens dans le besoin, ils peuvent t'attaquer pour te montrer leur gratitude. Nous en avons fait l'expérience une fois lorsque notre église a construit une installation pour une communauté.

Abigaïl a demandé poliment à David de l'écouter et de comprendre ce qu'elle subissait.

4. L'étape suivante est de réaliser que Dieu est celui qui t'a donné ton mari.

Lorsque tu es consciente du fait que Dieu est celui qui a créé ton mariage, il t'aidera à réaliser que c'est Dieu qui préserve le mariage.

Une femme qui est consciente du fait que Dieu l'a menée où elle en est ne veut jamais être séparée du Seigneur. Elle a besoin de l'aide du Seigneur pour tout ce qu'elle fait. C'est Dieu qui te permettra de continuer.

Lorsque tu possèdes cette conviction, tu travailles immédiatement du point de vue de Dieu et du côté de Dieu. Une femme qui pratique *l'Abigaïlisme* est du côté de la parole de Dieu.

5. L'étape suivante consiste à parler judicieusement à ton mari.

Abigaïl arriva auprès de Nabal. Et voici, il faisait dans sa maison un festin comme un festin de roi ; il avait le cœur joyeux, et il était complètement dans l'ivresse. Elle ne lui dit aucune chose, petite ou grande, jusqu'à la lumière du matin.

1 Samuel 25:36

La Bible dit ici qu'elle ne lui dit « aucune chose, petite ou grande ». Elle fit deux choses. Tout d'abord, elle ne lui dit rien. Il n'est pas sage de dire certaines choses. Si elle lui avait fait part de ses dons au Roi David, elle aurait pu être exécutée la nuit même.

Deuxièmement, « petite ou grande » signifie, en d'autres mots, qu'elle ne lui a rien dit d'inhabituel. Sa conversation avec lui ne fut pas centrée sur des sujets controversés. Elle lui dit uniquement ce qu'il avait besoin de savoir.

L'insensé met en dehors toute sa passion, Mais le sage la contient.

Proverbes 29:11

Si tu apprends à parler sagement, tu réussiras. Certaines femmes se disputent constamment avec leur mari. Elles se querellent sur chaque problème et se disputent sur chaque point. Les hommes n'aiment pas les disputes. Les hommes n'aiment pas se faire apostropher. Les hommes n'aiment pas sentir qu'ils ont perdu une dispute. Aucun homme n'aime être réprimé. Sois sage lorsque tu interagis avec les hommes. *L'Abigaïlisme* est la clé dont tu as besoin. *L'Abigaïlisme* signifie que tu parles sagement à ton mari.

6. **L'étape suivante consiste à donner des réponses douces.**

Une réponse douce calme la fureur, Mais une parole dure excite la colère.

Proverbes 15:1

Une femme qui pratique l'Abigaïlisme utilise l'arme des réponses douces. Un homme est attiré vers une femme aux réponses douces. Un homme cède inconsciemment à une femme aux réponses douces. Sois une femme aux réponses douces et tu réussiras à combiner ton mariage à ton ministère.

7. **La dernière étape consiste à agir sagement**

Dans le cas d'un mariage désespérément difficile, *l'Abigaïlisme* prévaut. Une femme de direction est capable d'agir si sagement qu'elle préserve son mariage et son ministère.

Dans le livre de l'Ecclésiaste, Dieu révèle le plan directeur pour gagner dans des situations désespérées.

L'insensé multiplie les paroles. L'homme ne sait point ce qui arrivera, et qui lui dira ce qui sera après lui ?

Le travail de l'insensé le fatigue, parce qu'il ne sait pas aller à la ville. Malheur à toi, pays dont le roi est un enfant, et dont les princes mangent dès le matin !
Ecclésiaste 10:14-16

Cette histoire s'applique à toutes les circonstances. Elle s'applique à un mariage désespéré, à une affaire ou à une église. Elle s'applique à ta situation, dans laquelle ton mari est inflexible et insensible aux affaires de Dieu. Tu gagneras la bataille parce la sagesse de Dieu est la clé maîtresse pour surmonter les situations impossibles.

Une femme sage n'éveille pas de controverse avec son mari. En répondant aux besoins quotidiens de ton mari, il sera en paix avec toi. S'il sent qu'il est privé de manière quelconque, il cherchera le coupable. Plusieurs chrétiennes amènent involontairement l'église à avoir l'air d'être la destructrice de leur mariage. Leur mari considère l'église et des pasteurs comme ses rivaux. Ils perçoivent le ministère comme leur ennemi. Bientôt, le seul sentiment qu'il ressent pour le pasteur est du ressentiment. C'est triste que plusieurs maris haïssent l'église.

C'est le devoir d'une femme de direction d'agir sagement. Ne prive pas ton mari de nourriture, de sexe ou de paix à la maison. En fait, comble-le jusqu'à ce que ton amour le suffoque. Il sera charmé par ta douceur et il n'aura aucune raison de se plaindre.

Femmes, soyez de mêmes soumises à vos maris, afin que, si quelques-uns n'obéissent point à la parole, ils soient gagnés sans parole par la conduite de leurs femmes, en voyant votre manière de vivre chaste et réservée.
1 Pierre 3:1,2

Es-tu mariée à un Nabal ou à un apôtre Pierre ?

On doit se rendre à l'église avec sagesse et circonspection. Si tu es mariée à quelqu'un comme Nabal, tu ne peux pas te permettre de te comporter comme quelqu'un qui est mariée à l'apôtre Pierre.Tes circonstances sont tout à fait différentes.

Quel est le résultat de *l'Abigaïlisme* ? Lorsque l'art de *l'Abigaïlisme* est pratiqué, la paix règne à la maison et dans le Royaume de Dieu. Abigaïl empêcha les hommes de David de tuer et de détruire le foyer en entier.

Plusieurs femmes ne réalisent pas que lorsque leur mari est détruit, elles sont également détruites. Le mystère du mariage est que si ton mari s'écroule, tu t'écroules avec lui. La famille entière d'Abigaïl et de Nabel aurait été détruite par l'armée de David. Abigaïl serait morte avec son mari et ses enfants. *L'Abigaïlisme* leur a sauvé la vie.

L'Abigaïlisme a également préservé la relation d'Abigaïl avec le serviteur de Dieu. Elle était toujours connectée au geste de Dieu qui prenait place par le biais de David. Tu te souviendras qu'Abigaïl croyait en la prophétie que David allait être le prochain roi. Elle circulait avec les affaires de l'Esprit et rien ne l'en isolerait. *L'Abigaïlisme* est la clé dont tu as besoin.

Remarque la réponse de David à Abigaïl. Ce fut paisible et aucune malédiction ou proclamation n'a été faite contre sa famille.

David dit à Abigaïl : Béni soit l'Éternel, le Dieu d'Israël, qui t'a envoyée aujourd'hui à ma rencontre ! Béni soit ton bon sens, et bénie sois-tu, toi qui m'as empêché en ce jour de répandre le sang, et qui as retenu ma main !
1 Samuel 25:32,33

Nabal, d'un autre côté, continua sa vie d'insensé et a bu jusqu'à en mourir. Tu verras de l'Écriture ci-dessous qu'Abigaïl ne fit rien pour le mettre en colère. En fait, il était tellement heureux qu'il a eu une fête. *L'Abigaïlisme* n'entraîne pas la confusion et les querelles. Il rend le mari tellement heureux qu'il organise des fêtes !

Abigaïl arriva auprès de Nabal. Et voici, il faisait dans sa maison un festin comme un festin de roi ; il avait le cœur joyeux, et il était complètement dans l'ivresse.

Elle ne lui dit aucune chose, petite ou grande, jusqu'à la lumière du matin.

1 Samuel 25:36

Applique la sagesse de Dieu à ta vie et tu combineras effectivement ton amour pour Dieu avec l'amour de ton cher mari !

Chapitre 30

Ma fille, tu peux être remplacée !

Il y a un principe au travail sur la Terre aujourd'hui. C'est le principe du déplacement divin et du remplacement. Ce principe affirme simplement qu'une personne peut être délogée d'une place relativement sécuritaire et remplacée par une autre de manière inattendue.

Tu peux voir ce principe au travail à travers la Bible. Tu le vois dans la vie du roi Saül lorsqu'il a été échangé pour le roi David. Tu le remarques dans la vie d'Élie le prophète. Lorsqu'Élie s'est plaint du ministère, Dieu l'a immédiatement remplacé par Élisée.

Dans le cinquième chapitre du livre de Daniel, lorsque Belschatsar profana les vases sacrés du temple, une main apparut et écrivit sur le mur du palais du roi. Le message était simple.

> **... Compté : Dieu a compté ton règne, et y a mis fin. Pesé : Tu as été pesé dans la balance, et tu as été trouvé léger. Divisé : Ton royaume sera divisé, et donné aux Mèdes et aux Perses.**
> **Daniel 5:26-28**

Si tu ne comprends pas le langage biblique, laisse-moi alors t'expliquer ceci. Cela signifie que tu as été substituée ! Ces choses se produisent avant même que tu ne les vois.

En langage du football, tu as reçu une carte rouge. Tu quittes le terrain ! Lors du prochain match, quelqu'un d'autre prendra ta place.

C'est exactement ce qui est arrivé à Belschatsar. Il a été tué la nuit même où l'écriture est apparue. Il a été remplacé par un homme appelé Darius. Cela s'est produit du jour au lendemain.

Cette même nuit, Belschatsar, roi des Chaldéens, fut tué. Et Darius, le Mède, s'empara du royaume, étant âgé de soixante-deux ans.

Daniel 5:30-31

Ma fille, ce chapitre est à propos du déplacement et du remplacement. Si Dieu t'a exaltée et t'a placée dans un bon endroit, respecte-le et sache que tu pourrais perdre ta position si tu ne prends pas la parole de Dieu au sérieux.

J'ai, une fois, eu à dire à la femme fière de quelqu'un qu'elle devrait être humble parce qu'il y avait plusieurs personnes qui étaient prêtes à la remplacer. Un serviteur du Seigneur a dit un jour : « Dans une congrégation de cinq cents il y a au moins vingt personnes qui sont prêtes à coucher avec le pasteur immédiatement. »

Où que Dieu t'aie placée, qu'il s'agisse d'une position politique, spirituelle ou maritale, sois consciente du fait que c'est par la grâce de Dieu. Il y avait une femme qui fut rapidement déplacée et remplacée dans un geste qui a choqué plusieurs observateurs. Elle s'appelait Vasthi.

Chapitre 31

Ma fille, obéiras-tu à ton mari ?

Et le roi Assuérus était alors assis sur son trône royal à Suse, dans la capitale. La troisième année de son règne, il fit un festin à tous ses princes et à ses serviteurs ; les commandants de l'armée des Perses et des Mèdes, les grands et les chefs des provinces furent réunis en sa présence. Il montra la splendide richesse de son royaume et l'éclatante magnificence de sa grandeur pendant nombre de jours, pendant cent quatre-vingts jours.

Le septième jour, comme le cœur du roi était réjoui par le vin, il ordonna à Mehuman, Biztha, Harbona, Bigtha, Abagtha, Zéthar et Carcas, les sept eunuques qui servaient devant le roi Assuérus, d'amener en sa présence la reine Vasthi, avec la couronne royale, pour montrer sa beauté aux peuples et aux grands, car elle était belle de figure. Mais la reine Vasthi refusa de venir, quand elle reçut par les eunuques l'ordre du roi. Et le roi fut très irrité, il fut enflammé de colère.

Esther 1:2-4,10-12

Vashti était la femme du roi. Elle occupait une position privilégiée en tant que reine. Son mari lui demanda de faire quelque chose. L'instruction était peut-être un peu controversée, mais je souhaite utiliser ce qui est arrivé pour illustrer un point important. La Bible enseigne que les femmes devraient se soumettre à leur propre mari.

> **Femmes, soyez soumises à vos maris, comme au Seigneur ;**
>
> **Éphésiens 5:22**

Parce que Vashti n'a pas obéi à son mari, une chose a mené à une autre et elle fut éventuellement démise. Sa désobéissance a mené à un divorce. Quelqu'un peut argumenter en disant que son mari a donné une instruction discutable qui ne pouvait être obéie. Je suis d'accord avec toi. Mais dans ce cas, tu devras comparer deux mauvaises options :

1. Humilie-toi, obéis à cette instruction et préserve ton mariage ou

2. Défends tes droits, refuse d'être intimidée et perds ton mariage.

Quelle est la meilleure solution ?

Ma fille, je te suggère qu'il serait sage de conserver la position qui t'a été donnée par Dieu. Ne défends pas toujours tes droits. Je ne dis pas que tu devrais te laisser maltraiter. Dans certains cas, lutter pour les droits humains peut être plus coûteux que d'endurer des moments d'indignité.

Ne t'oppose pas publiquement à ton mari

Une fille de la destinée ne s'oppose pas publiquement à son mari. Le mari et la femme ne s'entendent pas toujours sur tout. Si c'était le cas, ce serait un miracle. Une femme peut ne pas être d'accord avec quelque chose que son mari fait, mais elle le supportera publiquement. Lorsqu'ils seront en privé, elle évoquera le sujet et discutera de son point de vue. Il y a toujours un temps et une place pour argumenter et discuter de problèmes.

Ma fille, obéiras-tu à ton mari ?

La Bible enseigne que le mari de la femme vertueuse est respecté dans la ville. Il est respecté en partie dû à la façon dont sa femme le traite.

Son mari est considéré aux portes, Lorsqu'il siège avec les anciens du pays.

Proverbes 31:23

Ne déshonore pas ton mari

Comment ton mari pourra-t-il être respecté dans la ville si tu es impolie envers lui en public ? Les gens penseront qu'il ne peut pas contrôler sa propre famille. Les gens penseront également qu'il a fait une erreur et qu'il a épousé une « Ama Tarzan », une « Ekua Rambo » ou une « Adjoa Terminator » !

Femme de direction, je concède que lorsque ton mari est déshonoré, tu es également déshonorée. C'est là un des mystères de l'alliance du mariage. Lorsque ton mari s'élève, tu t'élèves avec lui. Lorsque son visage est traîné dans la boue, le tien l'est aussi.

Il y a certaines femmes qui circulent en disant toutes sortes de mauvaises choses au sujet de leur mari. Elles y vont d'une plainte après l'autre. Il est correct de chercher de l'aide auprès de tes conseillers ou de tes pasteurs. Mais il n'est pas correct de dénigrer ton mari.

« Dénigrer quelqu'un », cela signifie « ternir sa réputation ». Les femmes ne doivent pas ternir la réputation de leur mari. Un équilibre fragile doit être atteint entre l'ouverture pour obtenir des conseils et humilier ton mari.

Chapitre 32

Ma fille, garde ta place

Pourquoi il y a certaines femmes que personne n'écoute

La sagesse est justifiée par ses oeuvres. Tu peux choisir de t'opposer publiquement à ton mari mais je vais te dire ce qui va arriver. Il ne t'écoutera jamais et ne considérera jamais ton opinion lors d'une décision importante ! Ce que tu ne réalises pas, c'est que personne ne prend conseil de son ennemi. Lorsque tu t'opposes constamment à ton mari, tu occupes la position d'un ennemi. Tu es le parti de l'opposition de l'homme.

Selon mes observations de la politique, j'ai remarqué que le parti au pouvoir n'écoute jamais les suggestions du groupe de l'opposition. C'est parce que le groupe de l'opposition est vu comme un ennemi n'ayant pas à cœur la bonne volonté du parti au pouvoir.

Je n'écoute pas mes ennemis non plus. Mais je prête une attention très méticuleuse à ce que mes amis me disent. As-tu remarqué que ton mari écoute à peine tes accès de colère antagonistes ? Surveille de près et remarque les gens qu'il écoute. Ce sont des gens qu'il perçoit comme des amis ou des partisans sincères.

La sagesse est différente des droits de l'homme. C'est grâce à la sagesse que des mariages sans espoir et des maris difficiles peuvent être changés. Dieu essaie de t'enseigner la sagesse et non pas les droits de l'homme. Tu as des droits et il y a des demandes que tu peux faire. Sens-toi libre de faire ce que tu veux. Mais la sagesse est justifiée par ses oeuvres.

Ne permet pas à une autre de prendre ta place

Vasthi a soudainement été démise de sa position importante.

... donnera la dignité de reine à une autre qui soit meilleure qu'elle.

Esther 1:19

Où Dieu t'a-t-il établie ? A-t-il fait de toi une femme ou une reine ? Si tu ne respectes pas ce que Dieu t'a donné, tu le perdras. Je dis souvent aux gens qu'il y a deux cents personnes qui sont prêtes à les remplacer. Personne n'a besoin d'être fier ou de se sentir indispensable. Nous sommes tous où nous en sommes par la grâce de Dieu.

Certaines femmes s'en fichent si leur mari a une aventure. Elles disent : « Ne me laisse simplement pas savoir. » Décide que tu ne permettras pas à quoi que ce soit ou à qui que ce soit de prendre ta place. Une femme de direction comprend le principe de déplacement et de remplacement divin.

D'amener en sa présence la reine Vasthi, avec la couronne royale, pour montrer sa beauté aux peuples et aux grands, car elle était belle de figure.

Esther 1:11

Vasthi a commis une erreur tragique. Elle possédait un grand atout que Dieu lui avait donné qui était sa beauté physique. Chaque femme a reçu sa beauté en cadeau de Dieu. Tu utilises ta beauté pour obtenir l'homme. Tu dois l'utiliser pour le garder. Tu utilises ta beauté pour attirer l'homme. Tu dois l'utiliser pour garder ta place.

Certaines femmes ne se soucient plus de leur apparence. Les femmes chrétiennes sont censées prendre soin d'elles-mêmes afin d'avoir une belle apparence. Ne pense pas, ne serait-ce qu'un instant, que ton mari ne remarque pas les belles femmes en ville. Chaque homme chrétien est entièrement conscient de toutes les belles femmes autour de lui.

Lorsque Vasthi fut invitée à faire étalage de sa beauté, elle ne l'a pas fait ! Elle refusa de le faire. Plusieurs femmes ne permettent pas à leur mari de contempler les belles formes de leur corps. Au nom de la timidité et de la gêne, plusieurs maris chrétiens sont privés.

Il y a plusieurs années, mon pasteur à Londres a raconté l'histoire d'une mère qui donnait sa fille en mariage. Elle donna à sa fille un conseil. Elle lui dit : « Ma fille, une chose dont je suis fière c'est que mon mari, ton père, n'a jamais vu ma nudité. »

« Fais de même ! » encouragea-t-elle sa fille.

Femme, utilise ta beauté pour captiver ton mari. Ne pense pas qu'il n'est pas intéressé par les choses sexuelles. Le fait qu'il s'allonge dans le lit comme une pièce de bois mort ne veut pas dire qu'il n'y a pas de pouvoir sexuel en lui. À ton insu, son esprit peut être captivé par d'autres femmes. L'amour est quelque chose qui nécessite de l'agitation et un réveil.

Je vous en conjure, filles de Jérusalem, Ne réveillez pas, ne réveillez pas l'amour, Avant qu'elle le veuille.
Chant de Salomon 8:4

Les femmes chrétiennes devraient éveiller l'intérêt de leur mari avec leur beauté physique. Je réalise que plusieurs femmes ne croient pas que ce conseil soit nécessaire. Toutefois, lorsque des cas d'adultère et de divorce se présenteront, les gens prendront ces choses au sérieux.

Le chien du vieillard

Le corps humain a été merveilleusement créé par Dieu. Le pouvoir de la chair est tellement fort qu'il ne doit jamais être sous-estimé. En 1983, j'ai rencontré un vieillard dans un petit village au nord de l'Angleterre. Cet homme m'a dit qu'il avait perdu son chien. Il était troublé et marmonna quelque chose sur le pouvoir du sexe.

Initialement, je n'ai pas compris ce qu'il disait. Il était un vieillard dont le seul ami était un chien. Éventuellement, j'ai compris que son chien l'avait déserté et avait suivi une chienne dans le village. Le chien étant son seul ami, le vieillard était surpris que le pouvoir du sexe ait réussi à le séparer de son chien.

Tout ce que je veux dire, c'est que le sexe a beaucoup de pouvoir. Une fille de la destinée comprend cette réalité. Pourquoi se quereller avec quelqu'un que tu peux charmer ?

Ne dis pas que ton mari n'est pas intéressé ; il l'est ! Peut-être es-tu une reine fière comme Vasthi qui n'est pas prête à faire certaines choses.

Une reine fière ne satisfera pas le désir sexuel de son mari. Une reine fière ne sera pas prête à avoir des relations sexuelles pour une raison autre que la grossesse. Une reine fière refusera toute forme de variations sexuelles autre que celles de base. Une reine fière sera trop digne pour faire quoi que ce soit d'inhabituel pour exciter son mari. Une reine fière se comporte comme un cadavre au lit. Telle un énorme anaconda, elle bouge rarement son corps spiralé. Elle est trop noble pour faire un mouvement.

Il y a plusieurs années, je me souviens d'un jeune homme qui a donné sa vie à Jésus. Ce jeune homme avait été impliqué dans la pornographie et toutes les formes de débauche. Sa chambre était toujours couverte de photographies et d'affiches de femmes nues. Après avoir été sauvé, il a mis de côté toutes ces choses pour vivre une vie rangée. Il s'est marié et fut fidèle à sa femme pendant plusieurs années.

Lorsque sa femme est devenue enceinte, elle lui interdit de l'approcher jusqu'à ce qu'elle eût accouché. Vois-tu, cela n'était pas dû à une raison médicale. Elle ne voulait tout simplement pas avoir des relations sexuelles.

Après plusieurs années de fidélité, ce mari est repris une vie d'obscénité et de fornication. Lors du cinquième mois de la grossesse, il commença à avoir des aventures avec d'autres filles de sa communauté.

Sa reine fière ne voulait toujours rien entendre de le laisser l'approcher jusqu'à ce que la grossesse fut terminée. À partir de ce moment, leur mariage s'est détérioré en une bataille entre chien et chat dans laquelle le mari eut de nombreuses aventures extraconjugales.

Les filles des écoles secondaires ont remplacé cette reine Vashti du vingtième siècle.

Ma fille, tu as un corps, utilise-le, sinon, tu seras remplacée !

Chapitre 33

Fille de la destinée

Nous savons, du reste, que toutes choses concourent au bien de ceux qui aiment Dieu, de ceux qui sont appelés selon son dessein.

Romains 8:28

Toutes les choses concourent au bien pour une fille de la destinée. Esther n'avait ni père ni mère. Elle était une orpheline aux soins de son cousin Mardochée. Plusieurs personnes auraient perdu le goût de vivre après être devenues orphelins en bas âge. Elle aurait pu gémir et se plaindre qu'elle ne recevait pas les soins maternels et paternels de la part de Mardochée.

Remarque bien la deuxième partie de l'Écriture. Il est dit que toutes choses concourent au bien de ceux qui aiment Dieu. Aimes-tu le Seigneur ?

Une femme de direction jette son dévolu sur le Seigneur. Peut-être qu'aujourd'hui tu te demandes: « Pourquoi ai-je marié cet homme ? » Peut-être que ta vie a pris plusieurs tournants et rebondissements. Tu te demandes : « Aurais-je dû marier l'autre frère ? » Ton esprit s'emballe alors que tu penses aux opportunités manquées.

Je veux que tu saches que toutes les choses concourent au bien. Peut-être avances-tu en âge et n'es-tu pas encore mariée. Peut-être as-tu été mariée pendant des années et tu n'as pas encore d'enfant. Peut-être es-tu mariée à un mari terrible. Je te dis que toutes les choses vont concourir pour ton bien ! Fille de la destinée, tout ira bien pour toi.

Esther n'avait ni père ni mère ni bien-aimé. Elle avait uniquement un cousin. Si Dieu a pu élever Esther de nulle part, alors Dieu peut t'élever. Ma fille, je prédis que tout ira bien pour toi. Il le fait maintenant alors que tu lis ce livre.

Ma fille, tu peux te remettre

Le mot « salut » signifie également « sauver » . Christ nous a sauvés des eaux profondes. Une fille de la destinée est quelqu'un qui peut se remettre d'une mauvaise situation. Toutes les choses concourent au bien pour une fille de la destinée.

Il élevait Hadassa, qui est Esther, fille de son oncle ; car

elle n'avait ni père ni mère. La jeune fille était belle de taille et belle de figure. À la mort de son père et de sa mère, Mardochée l'avait adoptée pour fille.

Esther 2:7

La situation d'Esther était pathétique, elle n'avait ni mère ni père. Il s'agit d'un désavantage sérieux avec lequel commencer une vie. Mais Esther s'est très bien remise et s'est élevée au plus haut point. Femme, tu peux te remettre ! Certaines d'entre vous ont été impliquées dans toutes sortes de péchés. Certaines d'entre vous ont fréquenté un nombre incalculable de personnes différentes. Tes flancs ont été grattés de nombreuses fois pour les débarrasser de bébés non désirés. Peut-être étais-tu même une prostituée.

Je me souviens d'une conversation avec certains membres d'une église un jour lorsqu'une femme est venue à moi. Elle dit : « Pasteur, je ne veux jamais retourner à mon passé. » Alors que je la regardai, j'ai entendu la voix du Saint-Esprit me dire : « Cette femme était une prostituée. »

Je lui ai donc demandé : « Quel était ton travail ? » Lorsqu'elle me regarda, des larmes lui montèrent aux yeux et elle dit : « J'étais une prostituée. » Je lui ai dit : « Ma fille, tu peux te remettre. Tu ne retourneras plus à cette vie. »

Fille de la destinée, il y a une onction pour se remettre. Peut-être as-tu été utilisée et rejetée par plusieurs hommes. Ton cœur et tes émotions sont profondément marquées par tes expériences. Tu n'as plus confiance en toi et ne crois plus en personne. Tout comme Il a élevé Esther, Il va sûrement t'élever.

Quiconque aurait jeté un coup d'œil au passé d'Esther n'aurait pu prédire qu'elle deviendrait une reine. Elle était une orpheline et une réfugiée. Comment pourrait-elle faire grand chose dans la vie ? Mais notre Dieu est un Dieu qui se spécialise à faire quelque chose à partir de rien.

N'es-tu rien aujourd'hui ? Es-tu comme un chiffon que l'on a rejeté aujourd'hui ? As-tu été déçue et brisée dans cette vie ? Que ton cœur se console aujourd'hui car Jésus fera de toi une femme différente. Je te vois te remettre maintenant !!

Femme, écoute les conseils

Si Esther ne s'était pas soumise à la suggestion de son cousin de participer à un concours de beauté, l'histoire aurait pris une autre tournure.

> **... Esther fut aussi prise et conduite dans la maison du roi ...**
>
> **Esther 2:8**

Une fille de la destinée se soumet à l'autorité parentale et à l'autorité de son mari. Je t'assure qu'il n'y a pas de bienfaits à l'extérieur du plan de Dieu. Si tu veux être bénie, suis le plan de Dieu et tu seras guérie.

J'ai toujours pensé que le développement physique d'une femme dépasse sa maturité. En d'autres mots, son corps se développe plus rapidement que son esprit.

Je me souviens d'une jeune femme qui a reçu plusieurs demandes en mariage de la part de plusieurs frères chrétiens. Elle n'avait personne pour la conseiller. Chaque fois que quelqu'un offrait de la marier, elle en riait avec ses amis qui ricanaient bêtement.

Au fil des années, elle passa la fleur de l'âge. Les soupirants ont cessé de venir et elle en vint bientôt à réaliser qu'elle avait raté la chance de sa vie. Plusieurs jeunes femmes n'écoutent pas les conseils à cette étape de leur vie. Ah, cela ferait une telle différence si les gens écoutaient les conseils.

Une fois, une telle jeune fille est revenue à la raison après que les meilleurs soupirants soient partis. Elle dit à sa meilleure amie : « J'ai vraiment commis une grave erreur. Si seulement j'avais marié untel. » Je me souviens d'avoir conseillé cette jeune fille en particulier. Elle s'est tellement mise en colère qu'elle ne voulait plus rien savoir de moi après cela.

Depuis ce jour, je peux difficilement maintenir une conversation avec elle. Elle était tellement opposée à mes suggestions et mes conseils dans sa jeunesse. Alors que cette femme approche l'âge de la ménopause, elle n'est toujours pas mariée. Zimbo* ! Un peu de sagesse peut faire une grande différence dans la vie d'une femme. Je regarde parfois le frère qui l'aurait mariée et je me dis : « Mon amie entêtée a raté une belle chance. »

... la sagesse a l'avantage du succès.
Ecclésiaste 10:10

Fille de la destinée, sois soumise et écoute les conseils. Ne deviens pas une vieille femme seule avant d'admettre que tu as eu tort. N'attends pas que ton mariage se brise avant de croire aux conseils que tu as reçus. Je pense personnellement que certaines personnes veulent que de mauvaises choses se produisent avant qu'elles ne se soumettent à la parole de Dieu.

Femme, rien n'est laissé au hasard !

... Et qui sait si ce n'est pas pour un temps comme celui-ci que tu es parvenue à la royauté ?
Esther 4:14

Une fille doit aider son père

Les années sont passées et Esther fut établie reine du pays. Mais il y avait des problèmes dans l'air et bientôt, Esther fut sollicitée pour offrir de l'aide. Son cousin lui rappela comment elle se trouvait dans une situation privilégiée. Il lui dit : « Peut-être te trouves-tu ici pour une certaine raison. » C'est peut-être pourquoi Dieu t'a permis d'être élevée à cette haute position.

Une fille de la destinée n'oubliera pas facilement d'où elle vient. Elle est préparée à aider son père. Esther a aidé Mardochée. Une fille de la destinée se souviendra de son père et l'aidera.

Esther n'aurait peut-être jamais su ce qu'il a coûté à Mardochée pour s'occuper d'elle. Ma fille, aide tes « pères » physiquement ! Ma fille, aide ton père spirituel ! Souviens-toi de lui et souviens-toi de tout ce qu'il a fait pour toi. N'oublie pas ce qu'il a fait pour toi. Peut-être ne connaîtras-tu jamais le prix qu'il a payé pour prendre soin de toi.

* L'expression « *Zimbo* » est une expression familière de l'auteur.

Ceci est un merveilleux poème d'une fille à son père. Peut-être pourrais-tu écrire ces mots à ton père.

Papa, en grandissant
Tu as toujours fait en sorte que je me sente en sécurité.
Le calme précieux de ta voix me calmait...
Et l'étreinte forte de tes bras m'encerclait.
Je ne me suis jamais sentie vulnérable ou effrayée,
Parce que pour moi, tu semblais inébranlable.
En vieillissant, pourtant,
J'ai réalisé que le monde auquel tu faisais face chaque jour
Était beaucoup plus grand et terrifiant
Que celui que tu avais créé pour moi.
Et je me demandais, parfois si tu ressentais le besoin
De compter sur la force de quelqu'un d'autre
Pour faire changement...
Maintenant que je suis une adulte et que je vis
À l'extérieur de ton filet de sécurité,
Je comprends finalement les sacrifices que tu as fait
Pour t'assurer que « mon monde »
Soit sécurisé en tout temps.
Avoir grandi dans le sanctuaire de ton amour
Est quelque chose
Que je chérirai toujours et une mémoire
Que je ne pourrais jamais oublier.

Dierdra J. Brown

Je suis parfois étonné que des gens qui ont vécu en compagnie d'autres personnes et aux frais de parents toute leur vie, n'aimeraient pas aider quelqu'un quelques années plus tard. Ils ferment leur porte à d'autres personnes dans le besoin. Ils oublient ce que quelqu'un a fait pour eux.

Une femme vertueuse a bon cœur. Elle est généreuse et aide plusieurs personnes, même celles qui ne le méritent pas.

Elle tend la main au malheureux, Elle tend la main à l'indigent.

Proverbes 31:20

Peut-être es-tu la femme d'une personnalité importante d'aujourd'hui. Peut-être vis-tu dans une nation riche de l'ouest. Rien n'est laissé au hasard. Esther n'était pas une belle femme par hasard. Ses parents ne sont pas morts par hasard. Si ses parents avaient été vivants, ils ne l'auraient peut-être pas fait participer au concours de beauté.

Peut-être occupes-tu une position pour laquelle tu emploies plusieurs chrétiens. Remarque qu'il y a une raison pour cela. Dieu est celui qui t'établit où que tu sois. Il viendra frapper à ta porte pour te demander de l'aide. Aideras-tu la cause de l'Évangile lorsque viendra ton tour ou trouveras-tu une excuse ?

Ma fille, Dieu vient avant le mariage !

Esther a envoyé un message important à Mardochée. Elle expliqua qu'il lui serait impossible d'entrer dans le salon du roi sans y être invitée. Elle expliqua qu'elle perdrait la vie si elle le faisait.

Va, rassemble tous les Juifs qui se trouvent à Suse, et jeûnez pour moi, sans manger ni boire pendant trois jours, ni la nuit ni le jour. Moi aussi, je jeûnerai de même avec mes servantes, puis j'entrerai chez le roi, malgré la loi ; et si je dois périr, je périrai.

Esther 4:16

Mais Esther a placé Dieu avant son mariage. Elle obéit à la parole de Dieu. Elle était prête à sacrifier sa vie si la situation l'exigeait. Elle se souvint d'où elle venait.

Combien de femmes seraient prête à faire un tel sacrifice pour une cause religieuse ? Esther a tout risqué ! Si tu places Dieu en premier, tu invoqueras un bienfait dans ta vie.

Ma fille, jeûne et prie !

Esther demanda aux gens de jeûner et de prier. Elle croyait que la prière et le jeûne apporteraient la solution. Fille de la destinée, avec tout ce que tu possèdes, possède la prière et le jeûne. Peut-être que personne ne peut changer l'avis de ton mari. Mais il y a une chose que je sais peut aider à faire tomber chaque barrière : la prière et le jeûne.

Esther envoya dire à Mardochée : Va, rassemble tous les Juifs qui se trouvent à Suse, et jeûnez pour moi, sans manger ni boire pendant trois jours, ni la nuit ni le jour. Moi aussi, je jeûnerai de même avec mes servantes, puis j'entrerai chez le roi, malgré la loi ; et si je dois périr, je périrai.

Esther 4:15,16

Esther n'a pas seulement demandé à son peuple de jeûner, elle leur dit qu'elle jeûnerait elle-même. Si tu veux être une fille de la destinée, apprends ces principes dès aujourd'hui.

Ta destinée est déterminée davantage par la prière que par quoi que ce soit d'autre. Jésus a déterminé sa destinée par la prière. Trois heures de prière dans le jardin de Gethsémané a garanti que tout se passerait comme prévu.

Deviens une fille de la destinée. Modèle ton mariage à travers la prière. Crée ton futur avec des heures de prière. Prie pendant la journée, prie pendant la nuit. Prie tout le temps. Fille de destinée, prie sans cesse !

Made in United States
Orlando, FL
17 April 2025

60614762R00077